高等职业教育"互联网+"新形态一体化系列教材
城市轨道交通类高素质技术技能型人才培养教材

城市轨道交通
客运服务手语

主　编 ◎ 李　洁　毛钰凌
副主编 ◎ 秦　越　胡小依

华中科技大学出版社
http://press.hust.edu.cn
中国·武汉

图书在版编目(CIP)数据

城市轨道交通客运服务手语 /李洁,毛钰凌主编. —武汉:华中科技大学出版社,2019.2(2022.12重印)
ISBN 978-7-5680-4992-4

Ⅰ.①城… Ⅱ.①李… ②毛… Ⅲ.①城市铁路-客运服务-手势语-高等职业教育-教材
Ⅳ.①U239.5

中国版本图书馆 CIP 数据核字(2019)第 027306 号

城市轨道交通客运服务手语　　　　　　　　　　　　　　　　　　李　洁　毛钰凌　主编
Chengshi Guidao Jiaotong Keyun Fuwu Shouyu

策划编辑：张　毅
责任编辑：张　毅
封面设计：杨玉凡
责任监印：朱　玢
出版发行：华中科技大学出版社(中国·武汉)　　电话：(027)81321913
　　　　　武汉市东湖新技术开发区华工科技园　　邮编：430223
录　　排：武汉市洪山区佳年华文印部
印　　刷：武汉市籍缘印刷厂
开　　本：787mm×1092mm　1/16
印　　张：13
字　　数：262 千字
版　　次：2022 年 12 月第 1 版第 4 次印刷
定　　价：45.00 元

本书若有印装质量问题,请向出版社营销中心调换
全国免费服务热线：400-6679-118　　竭诚为您服务
版权所有　侵权必究

前　言

在我国快速发展的新形势下,城市化进程不断加速,城市轨道交通已经进入了高速发展时期。截至2020年年末,中国大陆地区共有45个城市开通城市轨道交通运营,运营线路总长度达到7978 km。城市轨道交通行业是面向全社会的公共服务事业,为了充分体现对听障人士的关爱和尊重,推进社会文明进程,提高服务的软实力,越来越多的城市轨道交通企业要求城市轨道交通客运服务人员掌握日常手语,用手语向听障人士提供服务。本书正是在此背景下编写而成的。

本书围绕实际岗位能力和标准展开,遵循"体现教学组织的科学性和灵活性"原则,按照当前城市轨道交通客运服务工作现场的典型工作任务选取内容,共分为6个项目,包括城市轨道交通客运服务手语概述、进站服务手语、票务服务手语、站台服务手语、出站服务手语和意外事故处理手语,每个项目由若干个任务组成,每个任务包含了词汇、常用服务语句和情景对话等内容。本书6个项目具有针对性和实用性,由易到难,使学生学有所用,最终掌握手语技能,提高城市轨道交通客运服务质量。

本书主要有以下特点:

(1) 突出实用性。紧密结合城市轨道交通客运服务人员的实际工作情景,根据客运服务岗位标准确定学习目标。

(2) 内容丰富,结构合理。针对学生现有认知,注重基础训练,将情景对话贯穿始终,内容由易到难,循序渐进。

(3) 采用新形态"互联网+"模式。围绕情景对话拍摄有微视频,扫码即可观看,知识点更加立体直观。

教师在使用本书进行授课时,建议采用项目教学法,通过模拟城市轨道交通客运服务情景,引导学生掌握客运服务手语。

本书由李洁(武汉铁路职业技术学院)、毛钰凌(武汉铁路职业技术学院)担任主编,由秦越(武汉市交通学校)、胡小依(武汉铁路职业技术学院)担任副主编。具体编写分工如下:项目1、项目2由李洁编写,项目3、项目4由毛钰凌编写,项目5及附录由秦越编写,项目6由胡小依编写。全书由李洁统稿、定稿,胡小依审阅全书。

本书在编写过程中参考和引用了许多专家学者有关中国手语会话和城市轨道交通的文献资料,在此谨向有关部门和专家表示衷心的感谢。

由于编者水平有限,本书难免有疏漏之处,敬请广大读者在学习和使用过程中批评指正。

编　者

目 录

项目 1　城市轨道交通客运服务手语概述 ······ 1
　任务 1　走进手语世界 ······ 2
　任务 2　汉语手指字母 ······ 4
　任务 3　城市轨道交通客运服务常用手语词汇 ······ 6

项目 2　进站服务手语 ······ 15
　任务 1　进站问询 ······ 16
　任务 2　安全检查 ······ 31
　任务 3　进入闸机 ······ 41
　任务 4　其他进站事务处理 ······ 52

项目 3　票务服务手语 ······ 63
　任务 1　购票指导 ······ 64
　任务 2　售票亭售票 ······ 74
　任务 3　其他票务事务处理 ······ 87

项目 4　站台服务手语 ······ 101
　任务 1　维持站台秩序 ······ 102
　任务 2　站台特殊情况服务 ······ 111
　任务 3　其他站台事务处理 ······ 126

项目 5　出站服务手语 ······ 137
　任务 1　组织乘客出站 ······ 138
　任务 2　乘客违规无法出站 ······ 144
　任务 3　其他出站事务处理 ······ 156

项目 6　意外事故处理手语 ······ 175
　任务 1　车站事故 ······ 176
　任务 2　突发意外 ······ 187

附录　手语手势动作图解符号说明 ······ 202

参考文献 ······ 204

项目1　城市轨道交通客运服务手语概述

聋哑人因为听力受损或无法用口语表达,与健听人的沟通十分困难,而聋哑人之间多使用手语进行沟通。城市轨道交通作为普惠性公共交通,其服务对象不仅有健听人,更包含了特殊的聋哑人群。城市轨道交通客运服务人员只有掌握了日常交际手语,才能在为聋哑人提供服务的过程中沟通更加顺畅,更体现出以人为本的服务意识。

 学习目标

1. 了解手语的基本概念和特点;
2. 掌握汉语手指字母的指式;
3. 掌握时间、方位、数字等常用手语词汇。

任务 1　走进手语世界

众所周知,语言是一种思维的工具,是人们进行社会交际的工具。人们用语言来交流思想、表达情感。聋哑人失去了听力,不能用语言跟健听人沟通,于是他们就发明了自己的语言——手语。

一、手语的概念

手语应聋哑人交际的需要而产生,它用手势比量动作,根据手势的变化模拟形象或者音节以构成的一定意思或词语。它是聋哑人互相交际和交流思想的一种手势语言,是"有声语言的重要辅助工具"。

作为健听人,我们也可以使用手语,把它当成内心情感的表达语言。值得注意的是,聋哑人的手语是一种语言学意义上的语言,它具有丰富的词汇系统和语法规则,它与有声语言具有同等的地位。

根据手语的表现形式,可以把手语分为手指语和手势语。手指语用手指代替拼音,组成一定的汉字来表达聋哑人的思想。自然手势和人为手势结合为手势语,手势语用手的指示、动作、位置和朝向,配合面部表情和体态语言,按照一定的语法规则表达特定的意思。

二、手语的特点

为了更清晰地了解手语的特点,常常将手语与有声语言相比较。

（1）手语和有声语言的表达载体不同,手语把思想和感情附着在动作、表情之中,而有声语言把思想、情感附着在声音之中表现出来。

（2）手语和有声语言接收信息的渠道不同,手语是用眼睛看,有声语言是用耳朵听。

（3）手语多与物体联系,用手势动作比画物体,具有很强的形象性;有声语言则多是概括地反映现实情况。

三、手语的地域差异

很多人以为全世界的手语都是一样的,其实这是一个误解。正如有声语言存在地域差异一样,手语也有不同的"语种"和"方言"。例如,虽然美国、英国和澳大利亚都使用英语,但是使用不同的手语。又如,中国聋哑人使用中国手语,美国和部分加拿大地区聋哑人使用美国手语,英国聋哑人使用英国手语,法国有法国手语,日本有日本手语,等等。除了"语种"差异,手语中还存在"方言"差异。所谓"中国手语"只是一种统称,事实上,我国各地的手语并不完全一样,每个地方的手语各有特色。

虽然手语各地"语种"和"方言"存在差异,但它们之间的区别并不会像有声语言一样大到不能通话的地步。一个北京人到闽南地区可能完全听不懂当地人说什么,但对于聋哑人来说,即使双方第一次见面也能基本无障碍地交流。即使是中国手语和英国手语,其间的差异也远远小于汉语和英语的区别。各个国家和地区的手语在手语词汇和手指语指式上会有不同之处,但在个别手势、手语造词法和造句法等方面仍有很多相通之处。

四、手语的要求和规范

手语就是用双手来"说话",目的是为了沟通。学习手语之前可以先做一些准备工作,让双手变得灵活、协调。例如,我们可以尝试小说中武林高手"左手画方,右手画圆"的动作,也可以试试"左手摩擦大腿,右手挥手再见"的动作,还可以玩"四个和八个"的游戏。日常练习这些动作对今后学习手语有很大的好处。

手语手势做得既标准又优美,能让沟通更加顺畅,更可以体现一个人的基本素质和修养。因此,我们需要注意手语手势的基本要求和规范。

1. 要注意手势的清晰度

手语是空间变化的语言,清晰度是理解手语的重要因素。手语动作要注意手形准确、运动到位,握拳、伸五指、伸食指等手形都是手语中频繁使用的手形,每根手指当曲则曲、当直则直,在做竖立、横切、弯曲、平转、画圈等动作时务必准确,不能错成其他。每个手势之间的过渡也要清楚,不可含糊带过。

2. 要注意手势的幅度

手势的幅度是指手势动作的大小变化。这就像听人说话的声音一样,有人说话声音高,有人说话声音低。手势幅度大小往往受到个人因素的影响,如人的性别、个性、年龄、气质等。手势幅度还要依据具体的交际环境而定。一般来说,手势幅度不宜过大。

3. 要注意手势的速度

手势的速度与交际内容有一定联系,也与人的个性有一定的关系。在一般情况下,以让对方看清楚为前提,不快不慢,速度适中。还可以根据交际内容变化节奏,尤其是在讲手语故事时,速度上的变化会带有节奏感,更能吸引人。

4. 要注意手势与表情的结合

面部表情是手语的一个重要元素,从面部表情可以看出一个人的心理变化。手语动作结合表情可以使得沟通更生动,同样的手势结合不同的表情还可以更精确地做出表达。

总之,任何一种语言的学习都没有捷径,必须经过长期积累的过程才能运用自如。

任务2　汉语手指字母

汉语手指字母是用指式动作代表字母,按照汉语拼音拼成普通话,又称为手指语。手指语是手语中的一种辅助表达手段。

汉语手指字母一般用来表达有声语言中的人名、地名等专有名词。例如,姓氏"刘"打成"l"。汉语手指字母也用来表达较为抽象的概念或者手势语中难以表达的概念。例如,"政治"用"zh-zh"来表示。

拼打汉语手指字母时一般用右手打出,特殊情况时也可以使用左手。同时应注意姿势端正,目光平视前方,手臂自然弯曲,拼打字母的指式要清晰准确,不随意晃动、摇摆。以下是汉语手指字母图。

汉语手指字母

声　母

b	p	m	f
d	t	n	l
g	k	h	j

声 母			
q	x	zh	ch
sh	r	z	c
s	y	w	

单 韵 母			
a	o	e	i
u	ü		

任务3　城市轨道交通客运服务常用手语词汇

城市轨道交通客运服务主要是以售票、检票、提供帮助等运营服务为内容,我们总结了常用的手语词汇,供客运服务人员学习和使用。

一、时间词汇

时间	现在	昨天	今天	明天	以前	以后	早上	上午
中午	下午	晚上	白天	年	月	日	星期	小时
分钟	春	夏	秋	冬				

手语图解

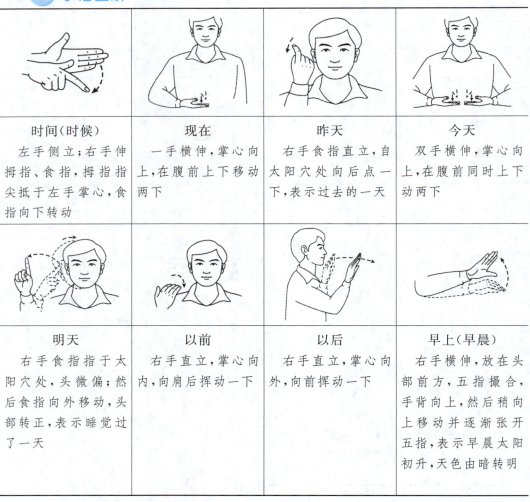

时间(时候)	现在	昨天	今天
左手侧立;右手伸拇指、食指,拇指指尖抵于左手掌心,食指向下转动	一手横伸,掌心向上,在腹前上下移动两下	右手食指直立,自太阳穴处向后点一下,表示过去的一天	双手横伸,掌心向上,在腹前同时上下动两下

明天	以前	以后	早上(早晨)
右手食指指于太阳穴处,头微偏;然后食指向外移动,头部转正,表示睡觉过了一天	右手直立,掌心向内,向肩后挥动一下	右手直立,掌心向外,向前挥动一下	右手横伸,放在头部前方,五指撮合,手背向上,然后稍向上移动并逐渐张开五指,表示早晨太阳初升,天色由暗转明

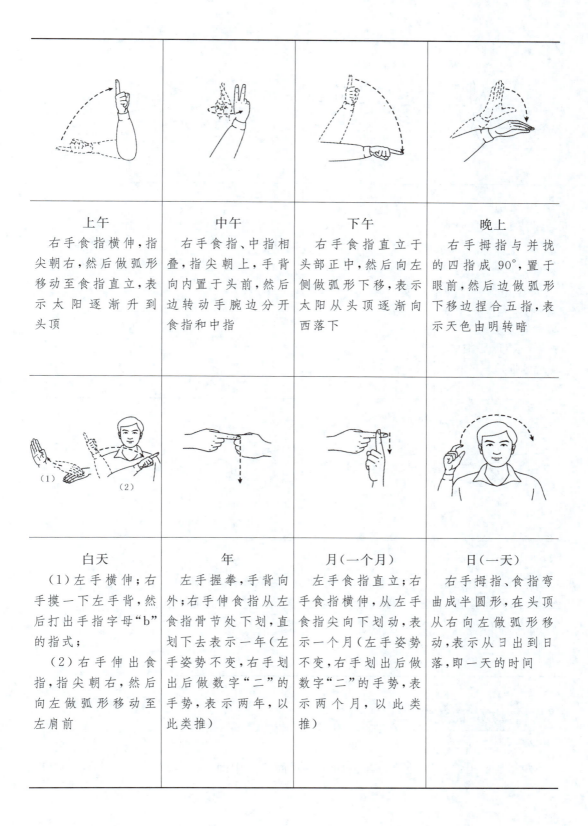

上午	中午	下午	晚上
右手食指横伸，指尖朝右，然后做弧形移动至食指直立，表示太阳逐渐升到头顶	右手食指、中指相叠，指尖朝上，手背向内置于头前，然后边转动手腕边分开食指和中指	右手食指直立于头部正中，然后向左侧做弧形下移，表示太阳从头顶逐渐向西落下	右手拇指与并拢的四指成90°，置于眼前，然后边做弧形下移边捏合五指，表示天色由明转暗

白天	年	月（一个月）	日（一天）
（1）左手横伸；右手摸一下左手背，然后打出手指字母"b"的指式；（2）右手伸出食指，指尖朝右，然后向左做弧形移动至左肩前	左手握拳，手背向外；右手伸食指从左食指骨节处下划，直划下去表示一年（左手姿势不变，右手划出后做数字"二"的手势，表示两年，以此类推）	左手食指直立；右手食指横伸，从左手食指尖向下划动，表示一个月（左手姿势不变，右手划出后做数字"二"的手势，表示两个月，以此类推）	右手拇指、食指弯曲成半圆形，在头顶从右向左做弧形移动，表示从日出到日落，即一天的时间

星期一	小时	分钟	春
左手直立,掌心向外;右手食指直立,移向左手掌心,表示星期一(左手姿势不变,右手移向左手掌心后做数字"二"的手势,表示星期二,以此类推)	(1)右手拇指、小指指尖相捏;(2)同"时间"手势。	右手伸食指空书"'"形	左手握拳,手背向上;右手伸食指在左拳食指骨节处点一下

夏	秋	冬
左手握拳,手背向上;右手伸食指在左拳中指骨节处点一下	左手握拳,手背向上;右手伸食指在左拳无名指骨节处点一下	左手握拳,手背向上;右手伸食指在左拳小指骨节处点一下

二、方位词汇

东　西　南　北　上　下　前　后　左
右　里　外　侧面　对面　中间　这里　那里　哪里

手语图解

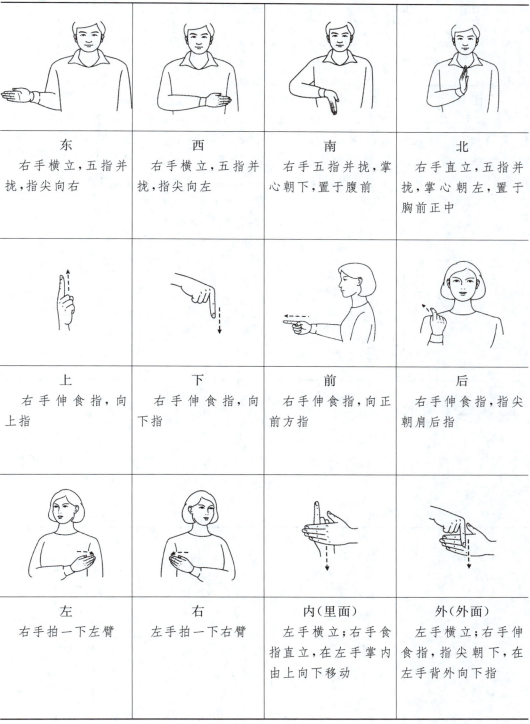

东	西	南	北
右手横立,五指并拢,指尖向右	右手横立,五指并拢,指尖向左	右手五指并拢,掌心朝下,置于腹前	右手直立,五指并拢,掌心朝左,置于胸前正中

上	下	前	后
右手伸食指,向上指	右手伸食指,向下指	右手伸食指,向正前方指	右手伸食指,指尖朝肩后指

左	右	内(里面)	外(外面)
右手拍一下左臂	左手拍一下右臂	左手横立;右手食指直立,在左手掌内由上向下移动	左手横立;右手伸食指,指尖朝下,在左手背外向下指

侧面 左手直立,掌心向外;右手直立,掌心贴在左手拇指从上向下动一下	对面 (1)双手食指直立,指面相对,由两侧向中间移动一下; (2)右手掌轻贴一下脸颊	中间 (1)左手拇指、食指与右手食指搭成"中"字形; (2)左手横立,五指分开;右手伸食指,在左手中指和无名指指缝间插一下	这里 右手伸食指,指尖朝下指点两下(也可根据实际场合确定手指的方向)
	那里 右手伸食指,指尖朝外指点两下(也可根据实际场合确定手指的方向)		哪里 右手伸食指,指尖朝前下方随意指点几下

三、数字词汇

零　　一　　二　　三　　四　　五　　六　　七　　八
九　　十　　二十　三十　四十　五十　六十　七十　八十
九十　百　　千　　万　　亿

手语图解

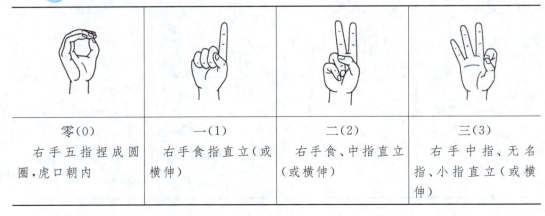

零(0)	一(1)	二(2)	三(3)
右手五指捏成圆圈,虎口朝内	右手食指直立(或横伸)	右手食、中指直立(或横伸)	右手中指、无名指、小指直立(或横伸)

四(4) 右手食指、中指、无名指、小指直立（或横伸）	五(5) 右手五指直立	六(6) 右手伸拇指、小指，指尖朝上（或朝左），手背向外（或向内）	七(7) 右手伸拇指、食指、中指，指尖朝上，手背向内（或向外）（也可右手拇指、食指、中指相捏，指尖朝前）
八(8) 右手伸拇指、食指，手背向内（或向外）	九(9) 右手食指弯如钩形	十(10) 右手食指、中指相叠直立	二十(20) 右手食指、中指分开直立，然后弯动两下
三十(30) 右手中指、无名指、小指分开直立，然后弯动两下	四十(40) 右手食指、中指、无名指、小指分开直立，然后弯动两下	五十(50) 右手五指分开直立，然后弯动两下	六十(60) 右手伸拇指、小指，手背向内（或向外），指尖朝上，并弯动两下

七十(70)	八十(80)	九十(90)	百
右手伸拇指、食指、中指,指尖朝上,然后弯动两下,手背向内(或向外)	右手伸拇指、食指,手背向内(或向外),指尖弯动两下	右手食指弯如钩形,并弯动两下	右手食指直立,从左向右挥动一下
千	万	亿	
右手食指在眼前空写"千"字	右手食指在眼前空写"万"字最后一笔横折钩部分	左手拇指、食指成"亻"形;右手食指在左手旁空写"乙"字,模仿"亿"字形	

知识拓展

手语和手语教育的起源

有研究认为,人类最开始的语言不是有声语言,而是手势语,我们现在广泛使用的有声语言是在手势语的基础上形成的。在远古时候,人们用手势来表达思想,声音只用来表达情感。

随着人类的进化、语言的产生和不断完善,手势成了聋哑人专用的语言。大多数聋哑人自幼失去听觉,失去学习语言的自然途径,无法学习口语。在劳动实践的过程中,聋哑人便很自然地把原来人类共同使用的手势转化为补偿语言的手段。这些手势大多数为指示性和形象性的动作,比较粗糙,在特定的小范围内可以起到一定的交际作用。这种手势在很长一段时间里，在聋哑人之间、聋哑人与健听人之间充当着语言的桥梁。

手语的历史十分悠久，但正式的手语教育却是四百多年前才开始逐渐发展的。1760年，世界第一所聋校——法国巴黎聋校成立，法国的聋哑教育家德雷佩神父担任第一任校长，他为了与聋哑人沟通的需要，自己创造发明手语用于教学管理工作。他的助手认为应该编手语字典，并且花了很多时间致力于手语编辑工作，可惜手势太复杂，不能广泛被人使用，有时一个字往往需要用许多手势才能解释清楚，尤其抽象的表达更难，所以在1880年以后只好改用口语法教学。

自17世纪起，手语就在英国的聋哑人群体中使用。听障儿童学校于18世纪末开始创办，首座学校于1760年创建于爱丁堡。1880年以前，手语在聋哑人教育中占主导地位。然而，1880年米兰聋人教育者国际研讨会后，大部分西方国家学校逐渐放弃了手语教学，代之以口语法和唇读法教学。虽然英国和美国使用同一种口头语言——英语，但是英国手语和美国手语却毫无相似之处，而澳大利亚手语和新西兰手语则与英国手语较为相近。

澳大利亚手语源自19世纪时的英国手语。1860年，来自苏格兰的聋人托马斯在新南威尔士州成立了澳大利亚第一所聋人学校。几周后，在维多利亚州也诞生了一所聋人学校，由来自英国的聋人弗雷德里克创建。

现代美国手语的起源取决于各种历史因素和事件，美国公理会教士及聋人教育者霍金斯·高立德是将手语在北美洲发扬光大的第一人。1817年，他与教师罗伦·克雷克开办了美国聋人院（现为美国聋人学校），向美国聋哑学生教导手语。各种历史因素在该校融和，美国手语应运而生。由于法国手语对该校早期的影响很大，现代美国手语的词汇，有60%跟法国手语相同，而美国手语和英国手语则几乎完全不一样。

日本手语始于江户时代，1862年，德川幕府派遣使节到欧洲各国的听障学校调查学习。1878年，日本京都开始出现聋人学校，但直到1948年，听障儿童才需要参加学校接受正规教育。日本手语基本上是由代表日语里52个假名对应的52种手部动作（称之为指文字）加上特殊的手部动作所组成。

1887年，美国传教士梅理士夫妇在山东登州创办了中国第一所聋校——启喑学馆。1898年，学校迁至烟台，于是手语教育循序渐进地在全国开始发展。梅理士夫人到中国前曾在纽约一所学校教聋哑学生，创办启喑学馆后，她采用训练聋哑人说话的标音法和手语进行教学。启喑学馆对中国的聋哑教育影响很大，梅理士夫人设计的手语字母表被中国聋哑学校采用，他们翻译的分级识字课本成为中国聋哑教育的最初教材。该校毕业的学生和他们的亲属或建立聋哑学校，或从事聋哑教育，为中国的聋哑教育事业做出了贡献。

思考与练习

请用手语表示下列字母和词汇。
(1) 汉语手指字母。
(2) 方位词汇。
(3) 数字词汇。
(4) 其他词汇:时间、早上八点半、下午四点三十分、星期二、星期三、星期四、星期五、星期六、星期天、所以、好的。

项目 2　进站服务手语

　　本项目的主要内容是建立在城市轨道交通客运服务的基础上,向进站的聋哑人乘客提供问候、引导、咨询等服务,主要介绍了车站进站服务工作中必须掌握的日常手语语句和服务手语。

 学习目标

1. 掌握进站服务常用手语词汇;
2. 掌握进站服务常用手语语句,包括问询、指路、安检、提供帮助、告别等各种岗位服务用语的手语;
3. 能够熟练运用手语提供简单的服务。

任务 1 进 站 问 询

一、词汇

地铁　乘客　车站　帮助　广场　厕所

 手语图解

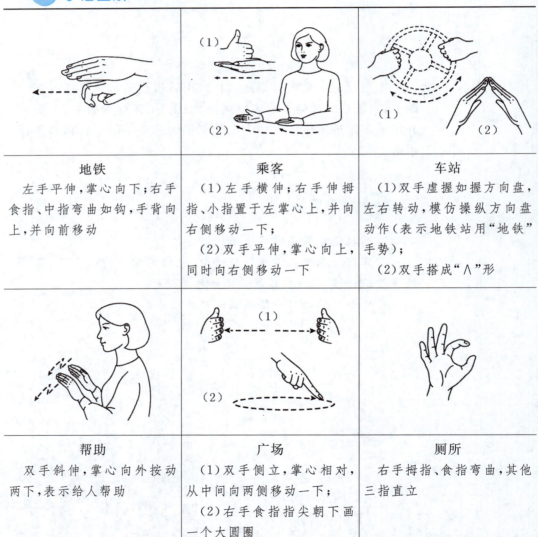

地铁
左手平伸,掌心向下;右手食指、中指弯曲如钩,手背向上,并向前移动

乘客
(1)左手横伸;右手伸拇指、小指置于左掌心上,并向右侧移动一下;
(2)双手平伸,掌心向上,同时向右侧移动一下

车站
(1)双手虚握如握方向盘,左右转动,模仿操纵方向盘动作(表示地铁站用"地铁"手势);
(2)双手搭成"∧"形

帮助
双手斜伸,掌心向外按动两下,表示给人帮助

广场
(1)双手侧立,掌心相对,从中间向两侧移动一下;
(2)右手食指指尖朝下画一个大圆圈

厕所
右手拇指、食指弯曲,其他三指直立

二、常用服务语句

（1）您好，请问您需要帮助吗？
（2）对不起，请您稍等。
（3）祝您旅途愉快！
（4）开往光谷广场方向的 2 号线已经停止服务。
（5）给您带来不便，我们深表歉意。

🔑 **手语图解**

（1）您好，请问您需要帮助吗？

您	好	请	问
右手食指指向对方	右手伸出拇指	双手平伸，掌心向上，同时向一侧微移	右手食指直立，从嘴前向前挥动一下
您	需要	帮助	吗
	右手平伸，掌心向上，从前向后移动一下		右手食指空书"?"

（2）对不起，请您稍等。

对不起	请	您	稍等
右手五指并拢，举于额际，如行军礼状，然后下移改伸小指，在胸前点几下，表示向人致歉并自责			右手横伸，手背贴于颔下

（3）祝您旅途愉快！

祝	您	旅	途
双手抱拳，前后微动几下		右手伸拇指、小指，顺时针平行转动一圈	双手侧立，掌心相对，相距约20厘米，向前伸出
	愉快（快乐）		
	双手横伸，掌心向上，上下交替几下，面露笑容		右手食指空书"！"号

项目 2　进站服务手语 | 19

（4）开往光谷广场方向的 2 号线已经停止服务。

开往（去）	光	谷	广场
右手伸拇指、小指，由内向外移动	右手五指捏合，指尖朝前，边向前微移边放开五指	右手斜伸，掌心向下，由高而低再由低而高，如凹地形状	
方向（的）	2（号）	线	已经
（1）双手拇指、食指搭成长方形； （2）双手直立，掌心相对，向前移一下		双手拇指、食指指尖相捏，从中间向两边拉开，如一条细线	（1）右手直立，掌心向内，向肩后挥动； （2）左手伸食指，指尖朝前；右手横立于左手腕部，然后向前划出
	停止		服务
	左手横伸，掌心向下；右手直立，掌心向左，指尖抵于左手掌心，仿裁判叫停动作		（1）右手掌贴于耳部，头向前微倾； （2）右手拍一下左肩

（5）给您带来不便，我们深表歉意。

给	您	带（来）	不
右手五指虚捏，掌心向上，边向外移动边张开手，如给别人东西		左手虚握，手背向上；右手抓住左手腕并向一侧	右手直立，掌心向外，左右手摆动几下
便	我们	深表（很）	歉意（抱歉）
右手拇指、食指相捏，手背向下，上下动几下	（1）右手食指指自己；（2）右手横伸，掌心向下，在胸前顺时针平行转半圈	右手食指横伸，掌心向上，指尖朝左，拇指指尖抵于食指根部，然后向下一顿	（1）双手抱拳作揖，脸露抱歉表情；（2）右手伸小指，指尖朝胸部点几下，表示自责之意

三、情景对话

情景 1：指引乘客

站务员：您好，请问您需要帮助吗？
乘客：你好，我要去光谷广场，请问坐地铁几号线？
站务员：2 号线。
乘客：好的，请问厕所在哪边？
站务员：厕所在 B 出口旁边，我带您过去，请您跟我走。
乘客：谢谢。
站务员：不用客气。

指引乘客

🔑 手语图解

——您好，请问您需要帮助吗？

您	好	请	问
您	需要	帮助	吗

——你好，我要去光谷广场，请问坐地铁几号线？

你	好	我 右手食指指自己	要
去 右手伸拇指、小指，由内向外移动	光	谷	广场

请	问	坐 左手横伸；右手伸拇指、小指，置于左手掌心上	地铁
几（号） 右手直立，掌心向内，五指分开，手指微微抖动几下			线

——2号线。

	2（号）		线

——好的，请问厕所在哪边？

好	的 右手打手指字母"d"的指式	请	问
厕所	在 左手横伸；右手伸出拇指、小指，由上而下移至左手掌心上	哪边	

——厕所在 B 出口旁边，我带您过去，请您跟我走。

厕所	在	B	出
			同"去"的手势
口	旁边	我	带
右手食指沿口部转一圈	右手食指横伸，掌心向下，在左手手臂处向外指两下		
您	过去	请	您
跟	我	走	
双手伸拇指、小指，一前一后，同时向前移动		右手食指、中指分开，指尖朝下，交替向前移动几下	

——谢谢。

	谢谢 右手伸拇指,弯曲两下

——不用客气。

	不(用)		客气 双手掌心向上,左右微动几下,上身略前倾,表现谦逊的样子

情景 2：乘客到本线车站问询

乘客：您好,我要去光谷广场,请问要怎么办？

站务员：您可以用 5 元买一张到光谷广场站的车票,下车后,从 A 出口出站,向左边走 500 米就到了。

乘客：谢谢。

站务员：不用谢,祝您旅途愉快。

 手语图解

——您好,我要去光谷广场,请问要怎么办？

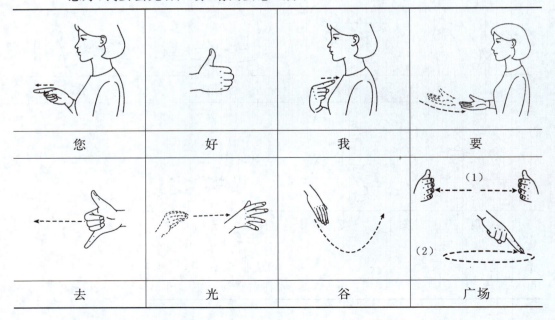

请	问	要	怎么办 双手平伸,掌心向上,由中间向两侧微移一下,面带疑问表情

——您可以用 5 元买一张到光谷广场站的车票,下车后,从 A 出口出站,向左边走 500 米就到了。

您	可以 右手直立,掌心向外,然后食指、中指、无名指、小指弯曲两下	用 右手平伸,掌心向上,边向后移动边收拢五指	5
元 双手拇指、食指微弯,虎口朝上,搭成圆形	买 双手横伸,掌心向上,右手手背在左手掌心上拍一下,然后向里移,表示买进	一(张)	到 右手伸拇指、食指,向前做弧形移动,然后向下一顿

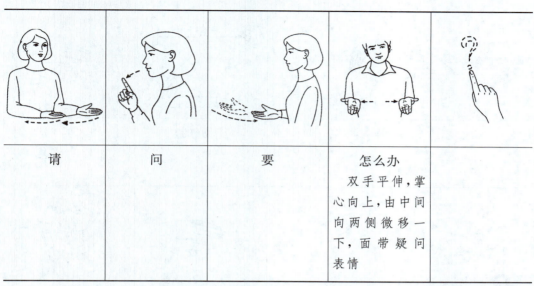

光	谷	广场（的）	车 此处打"地铁"手势
票 双手拇指、食指成"[ ]"形，向两侧微移一下	下	车 此处打"地铁"手势	后
从 双手食指、中指搭成"从"字形	A	出	口
出	站 双手搭成"∧"形	向 双手直立，掌心相对，向前移动一下	左

走	5	百	米 右手打手指字母"m"的指式
	就 左手横伸,掌心向上;右手打手指字母"j"的指式,然后贴向左手掌心		到(了)

——谢谢。

	谢谢

——不用谢,祝您旅途愉快。

不(用谢)	祝	您	旅
	途		愉快

情景3:列车延误时问询

乘客:请问2号线开往光谷广场方向的列车什么时候到?

站务员:您好,本站开往光谷广场方向的列车稍有延误,给您带来不便,我们深表歉意。

乘客:好吧。

站务员：谢谢您的谅解与配合。

 手语图解

——请问 2 号线开往光谷广场方向的列车什么时候到？

请	问	2（号）	线
（开）往	光	谷	广场
方向（的）	列车 此处打"地铁"手势	什么 双手平伸，掌心向下，然后翻转微掌心向上	时候
	到		

——您好,本站开往光谷广场方向的列车稍有延误,给您带来不便,我们深表歉意。

您	好	本 打"这"的手势	站
开往	光	谷	广场
方向(的)	列车	(稍)有 右手伸拇指、食指,掌心向上,然后食指弯动两下	延误 左手侧立;右手伸出五指,拇指指尖抵于左手掌心,其他四指并拢向下转动
给(您)	带来	不	便

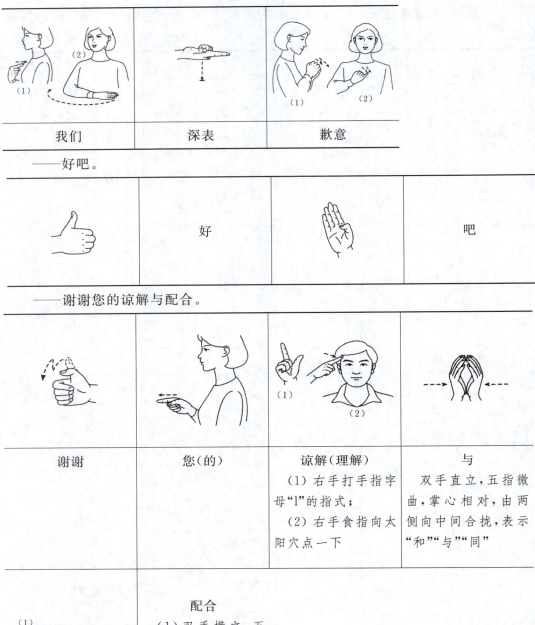

——好吧。

——谢谢您的谅解与配合。

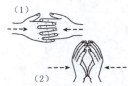

任务 2　安全检查

一、词汇

检查　行李　物品　包　燃烧　爆炸　危险　安全

 手语图解

	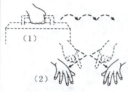		
检查	行李	物品（东西）	包
双手拇指、食指、中指相捏，指尖朝下，上下交替移动几下	(1)右手握拳下垂做提重物状，然后一顿一顿向前移动几下；(2)双手伸食指，指尖朝前，先互碰一下，然后分别向两侧移动并张开五指	双手食指指尖朝前，先互碰一下，然后向两侧分开并张开五指	右手拇指、食指张开，间距约1厘米，指尖朝内，从左肩划至右腰部，表示书包的背带
	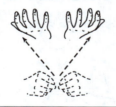	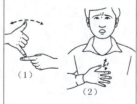	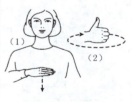
燃烧	爆炸	危险	安全
双手平伸，五指微曲，指尖朝上，上下交替动几下，如火苗跳动状	双手五指撮合，指尖相对，然后迅速向上弹起并放开五指，象征炸弹爆炸	(1)左手食指横伸，右手伸拇指、小指，小指立于左手食指上，左右摆动几下；(2)右手五指分开拍两下胸部，面露惊恐表情	(1)右手横伸，掌心向下，自胸前向下按一下；(2)右手伸出拇指顺时针平行转一圈

二、常用服务语句

(1) 您好，请您安检。
(2) 请将您的随身物品放在传送带上。
(3) 请您将行李打开。
(4) 为了您和他人的安全，请您配合。

手语图解

(1) 您好，请您安检。

您	好	请	您
(1) (2)	安（全）		检（查）

(2) 请将您的随身物品放在传送带上。

请	将	（您的）随	身
	打"把"的手势。右手先打手指字母"b"的指式，然后变为握拳，并向下微移一下	右手食指、中指横伸，手背向外，两指交替在胸前点动几下	双手掌心向内，贴于胸部，向下微移，表示身体

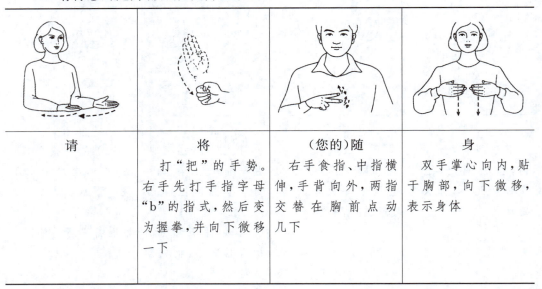

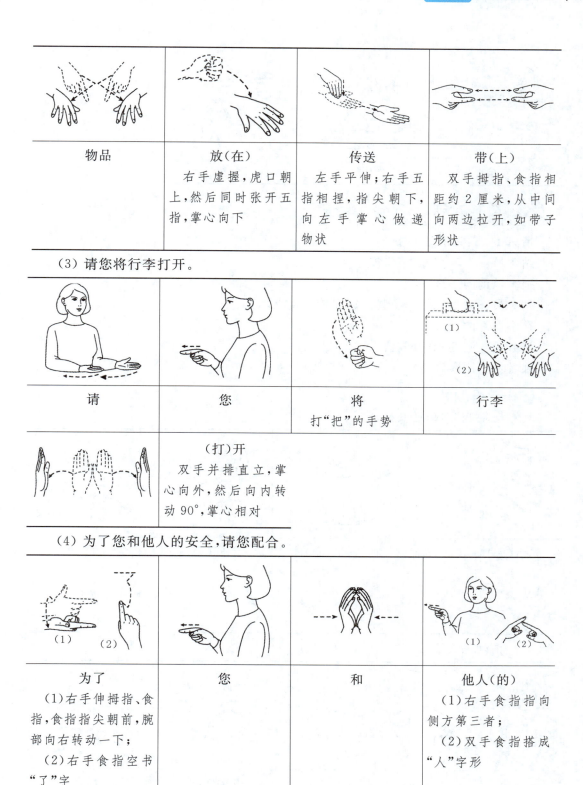

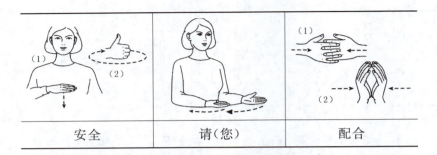

| 安全 | 请(您) | 配合 |

三、情景对话

情景1：乘客进站安检

站务员：先生您好，请您安检。

乘客：请问怎么安检？

站务员：请将您的随身物品放在传送带上。

乘客：好的。

站务员：谢谢您的配合。

乘客：不用客气。

 手语图解

——先生您好，请您安检。

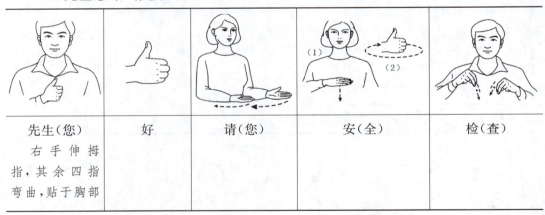

| 先生(您)
右手伸拇指，其余四指弯曲，贴于胸部 | 好 | 请(您) | 安(全) | 检(查) |

——请问怎么安检？

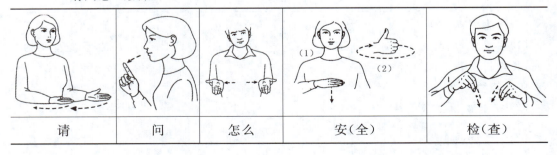

| 请 | 问 | 怎么 | 安(全) | 检(查) |

——请将您的随身物品放在传送带上。

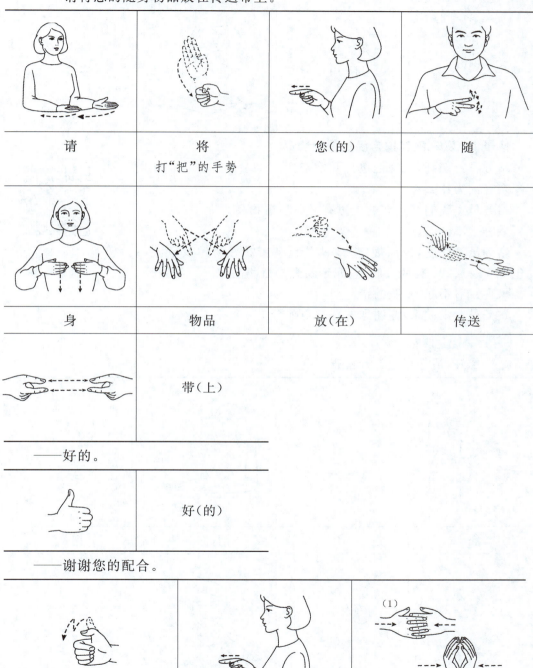

——好的。

——谢谢您的配合。

——不用客气。

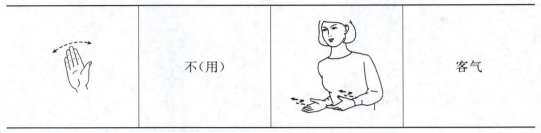

情景2：发现乘客携带易燃易爆物品

站务员：您好，请您把包打开检查。

乘客：为什么？

站务员：我们怀疑您的包里有易燃易爆物品。

乘客：不会的。

站务员：先生，按照规定，地铁禁止携带易燃易爆及危险品。您的包里有一瓶200克的发胶，它属于易燃易爆物品。

乘客：对不起，是我的错。

站务员：没关系，谢谢您的理解与配合。

发现乘客携带易燃易爆物品

 手语图解

——您好，请您把包打开检查。

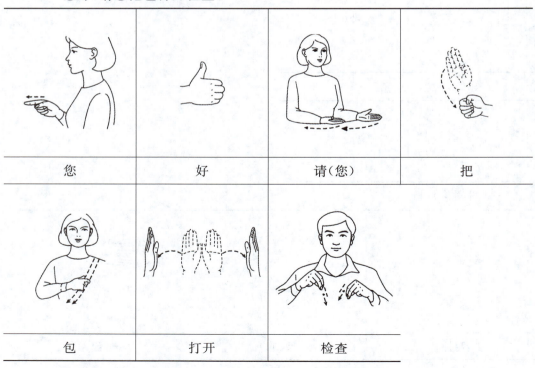

——为什么?

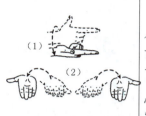	为什么 (1)右手伸拇指、食指,食指指尖朝前,腕部向右转动一下; (2)双手平伸,掌心向下,然后翻转为掌心向上	

——我们怀疑您的包里有易燃易爆物品。

我们	怀疑 右手伸拇指、小指,指尖朝上交替弯动几下,表示好坏、是非不肯定	您(的)	包
里	有	易 右手拇指、食指相捏,在左手手臂上捶一下,然后移至胸前上下微动几下,表示不费力	燃
易	爆	物品	

——不会的。

	不(会的)		

——先生,按照规定,地铁禁止携带易燃易爆及危险品。您的包里有一瓶200克的发胶,它属于易燃易爆物品。

先生	按照 双手平伸,掌心向上,左手不动,右手移向左手,并在一起	规定 (1)双手横立,由外向内一顿一顿移动几下; (2)右手食指直立,向下挥动一下	地铁
禁止 左手横伸,掌心向上;右手侧立,向左手掌心上切一下	携带	易	燃
易	爆	及	危险

品	您（的）	包	里
有	一	瓶 双手掌心相对搭成圆形，左手不动，右手向上移动，模仿腹大口小的瓶子外形	2
百	克 左手横伸；右手打手指字母"k"的指式，置于左手掌心上，并向下微沉一下	发	胶 右手拇指、中指相捏，再慢慢开合两下

它	属于	易	燃
右手食指指向发胶	(1)左手侧立，五指张开、微曲；右手五指撮合，移向左手掌心；(2)左手食指、中指横伸；右手食指从左手食指、中指中间空书"丨"形，仿"于"字		

易	爆	物品	

——对不起，是我的错。

对不起	是	我（的）	错
			右手食指、中指分开直立，在额前由掌心向外翻转为掌心向内

——没关系,谢谢您的理解与配合。

没	关系	谢谢	您(的)
右手拇指、食指、中指指尖朝上,互捻一下,然后收伸开	双手拇指、食指互相套环		

理解	与	配合

任务3 进入闸机

一、词汇

机器　通过　不足　钱币　保管　区域

 手语图解

机器	通过	不足(不够)
双手五指弯曲,食指、中指、无名指、小指关节交替相触,并转动几下,如机器齿轮转动	双手食指横伸,指尖相对,由两侧向中间交错移动	右手拇指、食指相捏,其他手指伸直并分开,虎口向内,边碰向胸口部边张开拇指、食指

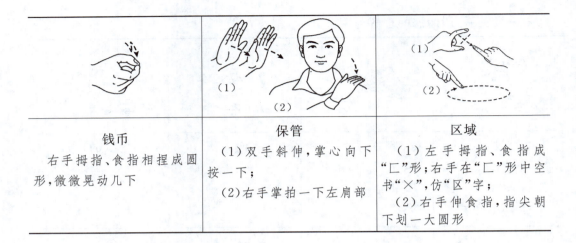

钱币	保管	区域
右手拇指、食指相捏成圆形,微微晃动几下	(1) 双手斜伸,掌心向下按一下; (2) 右手掌拍一下左肩部	(1) 左手拇指、食指成"匚"形;右手在"匚"形中空书"×",仿"区"字; (2) 右手伸食指,指尖朝下划一大圆形

二、常用服务语句

(1) 您好,请在闸机处刷卡。
(2) 请保管好您的车票,出站时还需要使用。
(3) 请您右手持票,把票放在黄色区域。
(4) 对不起,先生,您不能使用老年卡。

🔑 **手语图解**

(1) 您好,请在闸机处刷卡。

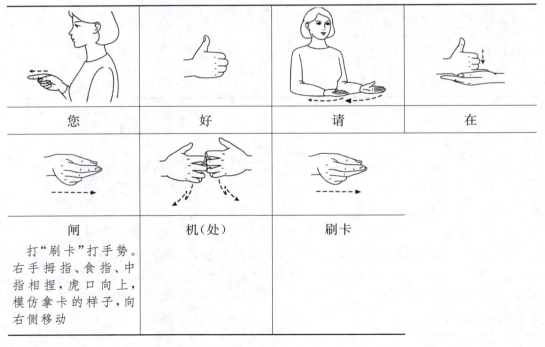

您	好	请	在

闸	机(处)	刷卡	
打"刷卡"打手势。右手拇指、食指、中指相捏,虎口向上,模仿拿卡的样子,向右侧移动			

（2）请保管好您的车票，出站时还需要使用。

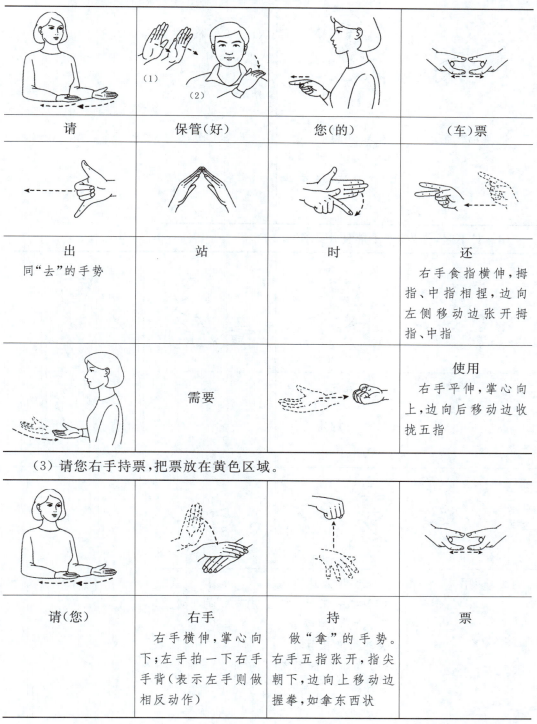

（3）请您右手持票，把票放在黄色区域。

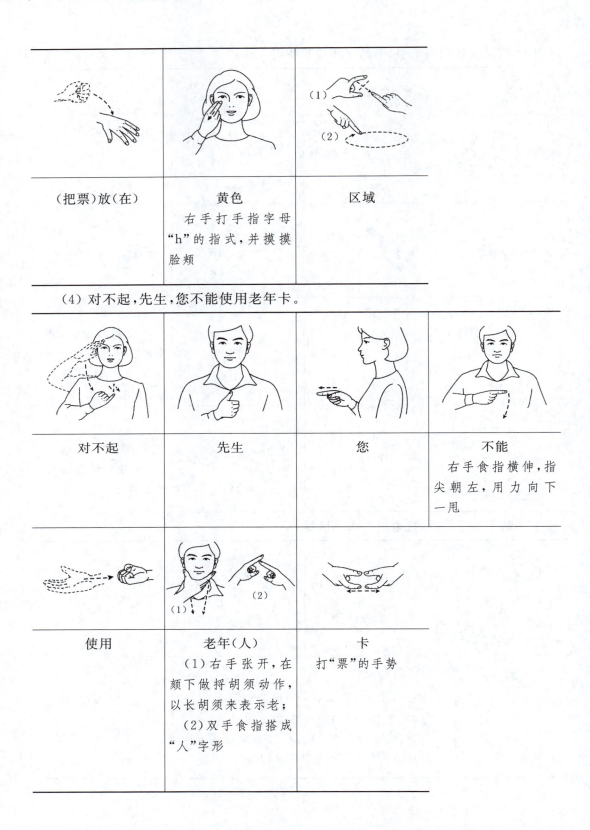

(把票)放(在)	黄色 右手打手指字母"h"的指式,并摸摸脸颊	区域

(4) 对不起,先生,您不能使用老年卡。

对不起	先生	您	不能 右手食指横伸,指尖朝左,用力向下一甩

使用	老年(人) (1)右手张开,在颏下做捋胡须动作,以长胡须来表示老; (2)双手食指搭成"人"字形	卡 打"票"的手势

三、情景对话

情景 1:指引乘客进入闸机

站务员:早上好,先生。请问您需要帮助吗?
乘客:您好,请问怎么通过闸机?
站务员:请您右手持票,把票放在黄色区域,就可以通过闸机了。
乘客:我知道了。
站务员:请保管好您的车票,出站时还需要使用车票。
乘客:好的,谢谢。
站务员:不用客气,祝您旅途愉快!

指引乘客进入闸机

手语图解

——早上好,先生。请问您需要帮助吗?

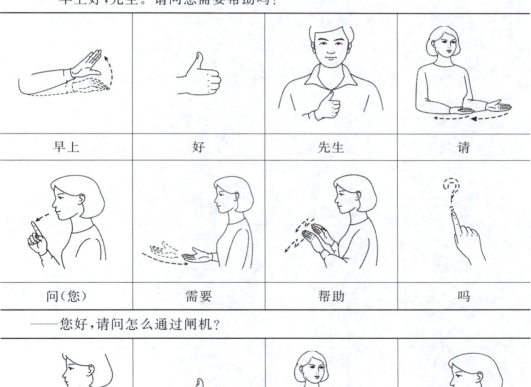

——您好,请问怎么通过闸机?

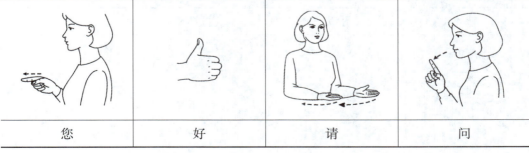

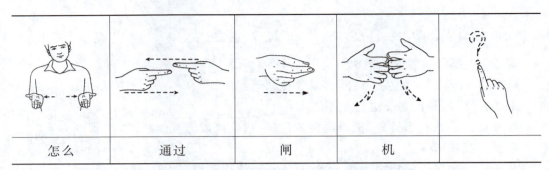

| 怎么 | 通过 | 闸 | 机 | |

——请您右手持票,把票放在黄色区域,就可以通过闸机了。

请	您	右手	持
票	(把票)放(在)	黄色	区域
就	可以	通过	闸

机(了)

——我知道了。

	我		知道（了） 右手食指直立，指尖朝太阳穴处敲两下

——请保管好您的车票，出站时还需要使用车票。

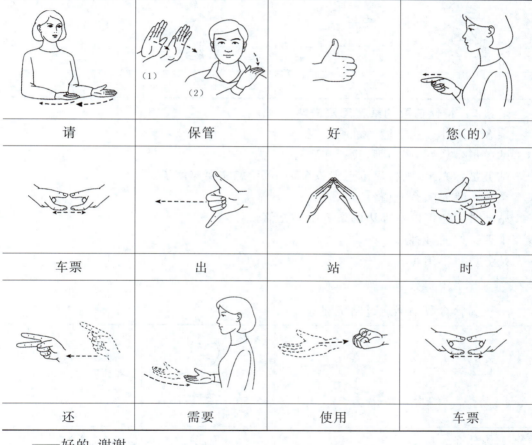

请	保管	好	您（的）
车票	出	站	时
还	需要	使用	车票

——好的，谢谢。

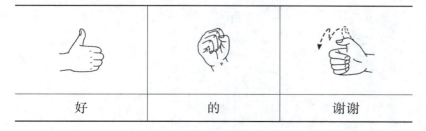

好	的	谢谢

——不用客气,祝您旅途愉快!

不(用)	客气	祝	您
旅	途	愉快	

情景2:持储值票的乘客无法进站

乘客:为什么我不能通过闸机呢?

站务员:您好,请稍等,我帮您看看。

站务员:先生,闸机显示您卡里余额不足,您需要充值了。

乘客:我要怎么充值?

站务员:您可以在那边的票务中心充值。

乘客:好的,谢谢。

站务员:不用客气。

 手语图解

——为什么我不能通过闸机呢?

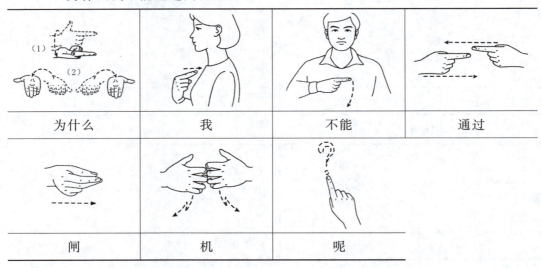

为什么	我	不能	通过
闸	机	呢	

——您好,请稍等,我帮您看看。

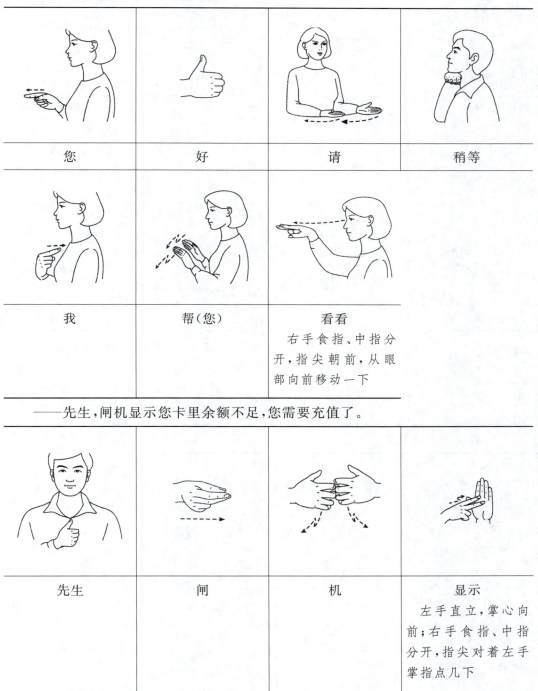

——先生,闸机显示您卡里余额不足,您需要充值了。

您	卡	里	余
			双手横伸，一上一下，右手掌轻拍一下左手手背，并向下一按
额	不足	需要	充
	值	了	

——我要怎么充值？

我	要	怎么
充	值	

——您可以在那边的票务中心充值。

您	可以	在	那边(的)
票	务 右手拍一下左肩	中 左手拇指、食指与右手食指搭成"中"字形	心 双手拇指、食指搭成"♡"形,贴于胸部
充	值		

——好的,谢谢。

好	的	谢谢

——不用客气。

不(用)	客气

任务 4　其他进站事务处理

一、词汇

气球　　楼梯　　电梯　　垃圾　　吸烟　　维护

 手语图解

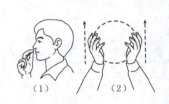	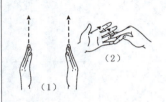	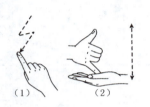
气球 (1)右手打手指字母"q"的指式，指尖朝内置于鼻孔处； (2)双手五指微曲成圆形，向上慢慢举起，如气球上升的样子	楼梯 (1)双手直立，掌心相对，向上移动； (2)左手斜立，五指张开；右手食、中指在左手五指交替移动上升，如登楼梯状	电梯 (1)右手食指空书"彡"形； (2)左手横伸；右手伸拇指、小指，小指尖抵于左手掌心上，上下移动几次，如乘电梯状
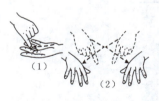		
垃圾 (1)左手五指微曲，指尖朝上；右手伸小指，在左手上划一下； (2)双手食指指尖朝前，先互碰一下，然后向两侧分开并张开五指	吸烟 右手食指、中指伸直并拢，放在唇边，做吸烟状	维护(保护) 左手伸出拇指；右手侧立，五指微曲，绕左手半圈

二、常用服务语句

（1）为了您的安全，请您尽量乘坐电梯。
（2）请不要随地扔垃圾。
（3）请不要在地铁内吸烟。

🔑 **手语图解**

（1）为了您的安全，请您尽量乘坐电梯。

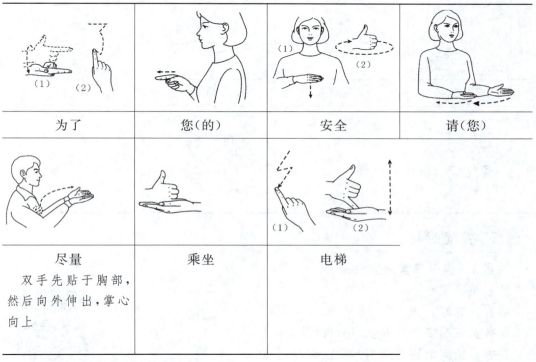

（2）请不要随地扔垃圾。

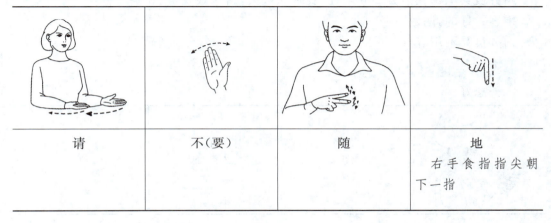

| 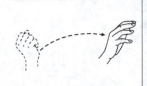 | 扔
右手虚握，自肩头
上方向前一甩 | 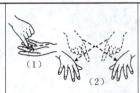 | 垃圾 |

（3）请不要在地铁内吸烟。

请	不（要）	在	地铁
	内		吸烟

三、情景对话

情景 1：指引乘客乘坐电梯

站务员：您好。

乘客：您好。

站务员：为了您的安全，您可以乘坐电梯。

乘客：请问电梯在哪边？我没有看到。

站务员：电梯在前方 200 米处，我带您过去，请您跟我走。

乘客：好的，谢谢。

站务员：不用客气。

指引乘客乘坐电梯

 手语图解

——您好。

|  | 您 | | 好 |

——您好。

——为了您的安全,您可以乘坐电梯。

——请问电梯在哪边?我没有看到。

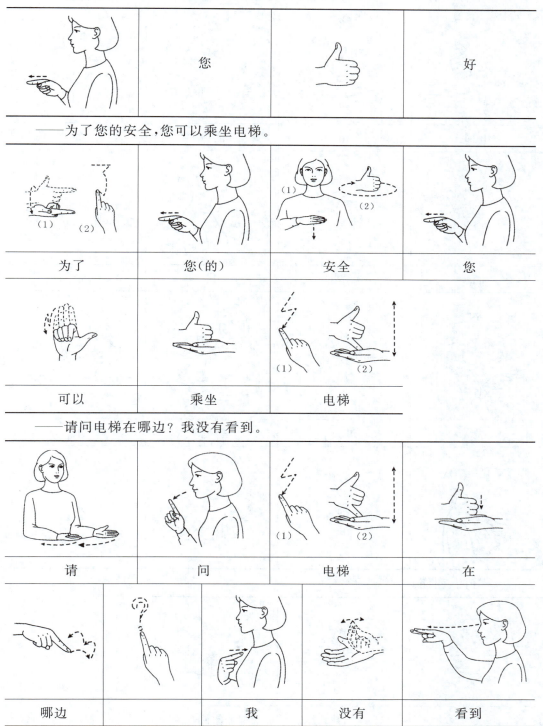

——电梯在前方 200 米处,我带您过去,请您跟我走。

电梯	在	前方	2
百	米(处)	我	带
您	过去	请(您)	跟
我		走	

——好的,谢谢。

好	的	谢谢

——不用客气。

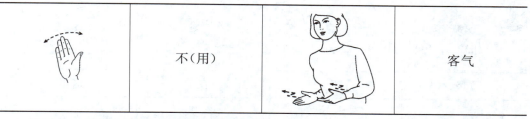

	不（用）		客气

情景 2：站务员及时制止乘客进站乱扔垃圾行为

站务员：先生，您好。

乘客：您好。

站务员：对不起，请不要把垃圾扔在这里，请注意维护公共卫生。

乘客：对不起。

站务员：谢谢您的理解与配合。

 手语图解

——先生，您好。

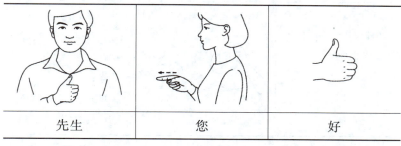

先生	您	好

——您好。

	您	好

——对不起，请不要把垃圾扔在这里，请注意维护公共卫生。

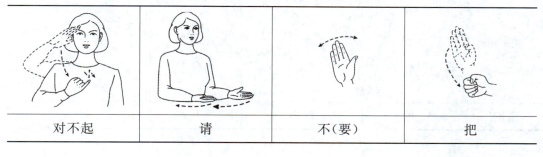

对不起	请	不（要）	把

垃圾	扔	在	这里
请	注意 右手食指、中指分开，置于眼前，指尖向前点动两下	维护	公 双手拇指、食指搭成"公"字形
	共 双手食指、中指搭成"共"字形		卫生 (1)右手拇指、食指搭成"十"字形，置于额前； (2)右手打手指字母"sh"的指式

——对不起。

对不起

——谢谢您的理解与配合。

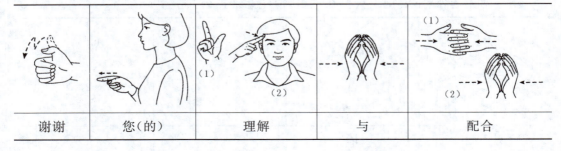

| 谢谢 | 您（的） | 理解 | 与 | 配合 |

情景3：站务员及时制止乘客站内吸烟行为

站务员：先生，早上好。

乘客：你好。

站务员：为了您和其他乘客的安全，请不要在地铁内吸烟。

乘客：好的。

站务员：谢谢您的配合。

 手语图解

——先生，早上好。

——你好。

——为了您和其他乘客的安全，请不要在地铁内吸烟。

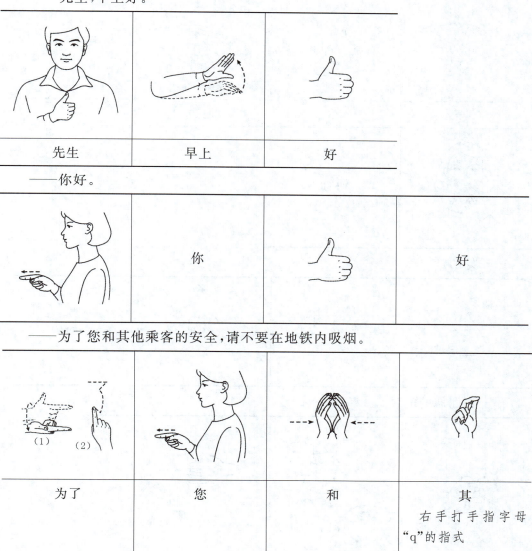

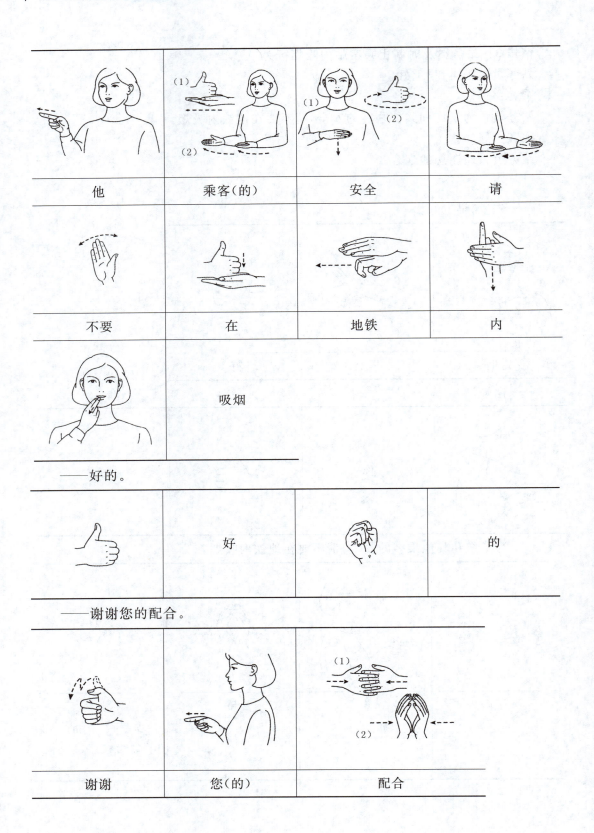

他	乘客(的)	安全	请
不要	在	地铁	内
吸烟			

——好的。

好		的	

——谢谢您的配合。

| 谢谢 | 您(的) | 配合 | |

> **知识拓展**

常见手势的含义和起源

从人类诞生的第一天起,手势作为一种特殊的肢体语言就成为人类交流的一部分。有时,一个手势就可以代替千言万语。现在,有些我们非常熟悉的手势的含义和它们最初的起源没有很大差别,而另一些则表达着完全不一样的含义。

1. 点赞用的大拇指

竖起大拇指是我们这个时代几乎全球通用的一个流行手势,在大多数国家它都表示好、高、妙、一切顺利、非常出色等赞赏性的含义,不过它的起源几乎无人知晓。这个手势最初起源于古罗马角斗场,嗜血的观众在角斗的最后,会用向上竖起的大拇指决定战败者可以苟且偷生,相反用向下的大拇指决定战败者应该去死。

2. 代表胜利的V字手势

V字手势在自拍流行的年代也有了一个新名字——"剪刀手"。人们用竖起的食指和中指来表达他们和平的意图或胜利的喜悦。当然,想象力丰富的中国人还把"剪刀手"当作竖起的兔子耳朵,拍照的时候在人脑后恶搞。大多数人普遍认为,"剪刀手"表示胜利源于英文单词"victory"(胜利)的首字母"V"。然而,这个手势的起源与和平或胜利根本就没有关系。它可以追溯到14世纪欧洲的百年战争时期,当时英国弓箭手射杀了许多法国士兵,所以一旦一个英国弓箭手被法国人俘虏,法国人会先砍断其右手的食指和中指,确保他再也不能在战争中射杀其他法国士兵。而没有被俘虏过的英国弓箭手,往往会向他们的法国敌人做出V字手表示嘲讽:"嘿,看到我的食指和中指,你怕了吗?"

3. 摇滚乐的标志手势——金属礼

金属礼,是指食指和小拇指向上伸直,中指和无名指自然弯曲,拇指压于这两个弯曲的手指之上。看到这个手势,我们大多数人都会想到重金属摇滚乐。不单是摇滚乐,其他形式音乐的粉丝们也用这个手势对自己的偶像致敬,或者表达爱意。许多西方人也用这个手势来表达自己的酷和时尚,即使他们根本不玩音乐。然而,这个手势的源头跟酷可扯不上关系。它的历史可以追溯到古印度,在那里,这个手势是佛陀用来驱赶恶魔,清除诸如疾病或消极思想等障碍用的。说到这里,熟悉佛教的人可能立马就能想到手拿莲花的佛手了吧?用"佛手"来向自己的偶像致敬,是不是感觉更酷了呢?

4. 用两只手指敬礼

这个手势和"剪刀手"只差一点,那就是食指和中指并拢。在波兰,它是正规的军礼。然而,这个手势的起源其实并没有那么帅气,而是包含屈辱。它同样是起源于古罗马角斗场,战败的角斗士们用这个手势来向角斗场的主人乞求一条生路。

思考与练习

请用手语表示下列语句和情景对话。
（1）乘客您好,请问有什么可以帮您的？
（2）您好,地铁规定,乘客不能携带易燃易爆及危险品进站上车。
（3）为了您和他人的安全,请不要在地铁内吸烟。
（4）谢谢您的理解与配合。

情景1：乘客携带气球进站
站务员：您好。
乘客：您好。
站务员：对不起,气球不能带进站。
乘客：哦,好的。
站务员：谢谢您的配合。
乘客：不用客气。

情景2：站务员发现违规使用车票行为
站务员：很抱歉先生,您不能使用老年卡。
乘客：为什么不能？
站务员：您不是老年人,请您配合我们的工作,买票进站。
乘客：好吧,我去买票。
站务员：谢谢您的理解与合作。

项目 3　票务服务手语

本项目以聋哑人乘客在进出站过程中遇到的票务问题为基础展开,通过相关情景,主要介绍了地铁车站的票务问询、售票服务、票务政策、票务事务处理等基本的服务手语。

 学习目标

1. 掌握票务服务常用手语词汇;
2. 掌握票务服务常用手语语句,包括售票、检票、指导购票、退票、票务事务处理等各种票务服务用语的手语打法;
3. 能够熟练运用手语开展票务服务工作。

任务1 购票指导

一、词汇

排队   投入   目的   先后

手语图解

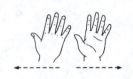			
排队	投入	目的	先后
双手直立,五指分开,一前一后排成一列,然后分别向前后方移动	左手成半圆形,虎口朝上;右手五指撮合,指尖朝下向左手半圆形做投物状	左手斜伸,掌心向内;右手伸食指,先指一下右眼,再向左手掌心点去	左手伸拇指,右手伸食指点左手拇指,表示"先";左手伸小指,右手伸食指点左手小指,表示"后"

二、常用服务语句

(1) 先选择您的目的地,然后确认票价。
(2) 请将5元从投币口投入。
(3) 你可以在自动售票机上买票。
(4) 对不起,这台机器没有零钱了。

手语图解

(1) 先选择您的目的地,然后确认票价。

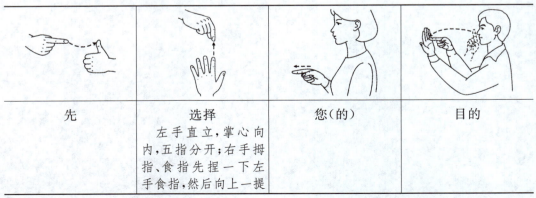

先	选择	您(的)	目的
	左手直立,掌心向内,五指分开;右手拇指、食指先捏一下左手食指,然后向上一提		

地	然后 (1)右手打手指字母"r"的指式； (2)右手直立，掌心向前移动一下	确 右手伸拇指，用力向前一顿	认 右手食指、中指分开，指尖朝前，自眼部向前移动一下
票		价 打"钱"的手势	

(2) 请将 5 元从投币口投入。

请	将	5	元
从	投（币） 打"投入"的手势即可代表"投币"	口	投入

(3) 您可以在自动售票机上买票。

您	可以	在	自
			打"自己"的手势

动	售	票	机
双手握拳屈肘，前后交替转动几下	打"卖"的手势。双手横伸，掌心向上，右手背在左手掌心拍一下，然后向外移		

上	买	票

(4) 对不起,这台机器没有零钱了。

对不起	这（台）	机器	没有
	右手食指指向机器方向		

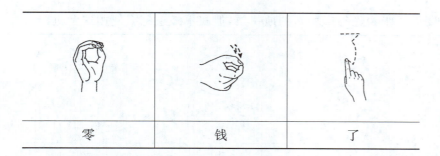

零	钱	了

三、情景对话

情景1：指导乘客在自动售票机上购票

站务员：您好，请问您需要帮助吗？

乘客：你好。我要买一张到光谷广场站的地铁票，但我不知道怎么使用这台机器。

站务员：好的。先选择您的目的地光谷广场站，然后请将 5 元或 10 元从投币口投入。

乘客：明白了。

站务员：现在请取走您的车票和零钱。

乘客：非常感谢。

站务员：不用谢，祝您旅途愉快。

 手语图解

——您好，请问您需要帮助吗？

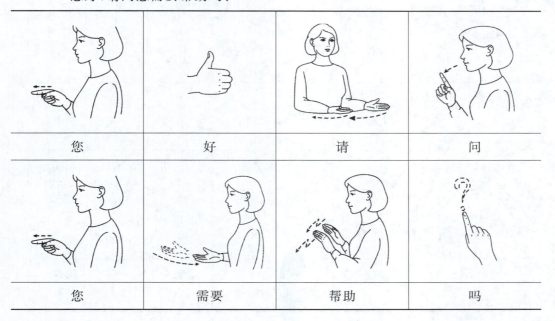

您	好	请	问
您	需要	帮助	吗

——你好。我要买一张到光谷广场站的地铁票,但我不知道怎么使用这台机器。

你	好	我	要
买	一(张)	到	光
谷	广场	站(的)	地铁
票	但 打手指字母"d"的指式	我	不
知道	怎么	使用 同"用"的手势	这(台)	机器

项目 3　票务服务手语

——好的。先选择您的目的地光谷广场站,然后请将 5 元或 10 元从投币口投入。

好(的)	先	选择	您(的)
目的	地	光	谷
广场	站	然后	请
将	5	元	或 右手打手指字母"h"的指式,手腕向左转动半圈
10	元	从	投(币)

	口		投入

——明白了。

	明白(知道)		了

——现在请取走您的车票和零钱。

现在	请	取走 同"拿"的手势	您(的)
车	票	和	零
钱			

——非常感谢。

	非常(很)		感谢

——不用谢,祝您旅途愉快。

不(用谢)	祝	您	旅
	途	愉快	

情景 2：指引乘客排队购票

站务员：先生,您好。

乘客：您好。

站务员：对不起,请您排队购票。谢谢您的配合。

乘客：好的,我不知道怎么买票,你能帮我买票吗?

站务员：对不起,我不能帮您买票,但我可以指导您买票。

乘客：好的,谢谢。

站务员：不用客气。(指导乘客购票然后离开)

 手语图解

——先生,您好。

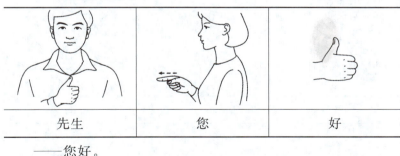

——您好。

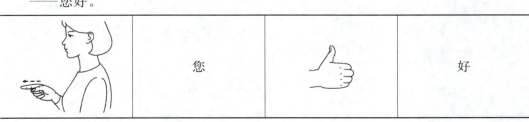

——对不起，请您排队购票。谢谢您的配合。

对不起	请	您	排队
购	票	谢谢	您（的）
配合			

——好的，我不知道怎么买票，你能帮我买票吗？

好（的）	我	不	知道
怎么	买	票	你

能	帮	我	买
票		吗	

——对不起,我不能帮您买票,但我可以指导您买票。

对不起	我	不	能(可以)
帮	您	买	票
但	我	可以	指导

指导:左手伸拇指;右手伸食指,指尖朝前,在左手拇指后左右移动几下

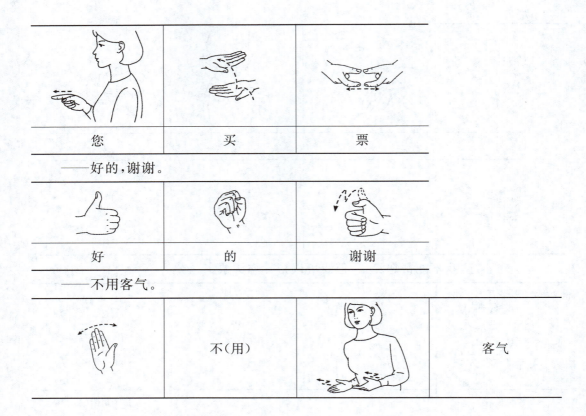

——好的，谢谢。

——不用客气。

任务 2　售票亭售票

办理　　交换　　退还　　成功

手语图解

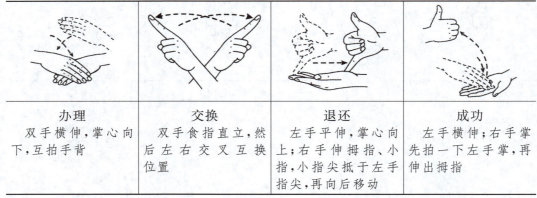

办理	交换	退还	成功
双手横伸，掌心向下，互拍手背	双手食指直立，然后左右交叉互换位置	左手平伸，掌心向上；右手伸拇指、小指，小指尖抵于左手指尖，再向后移动	左手横伸；右手掌先拍一下左手掌，再伸出拇指

二、常用服务语句

（1）我要办理一张储值卡。
（2）请您换一张钞票。
（3）这是您的零钱，请您查收。
（4）您已经充值成功了。

 手语图解

（1）我要办理一张储值卡。

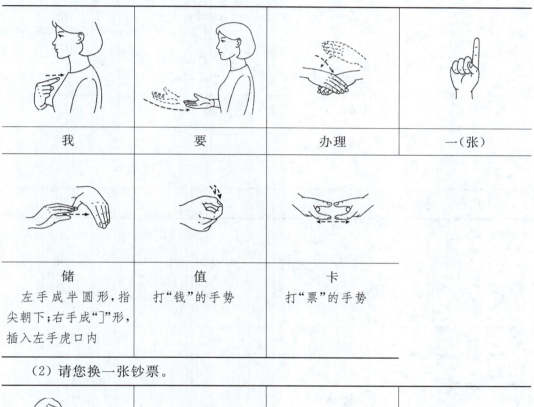

（2）请您换一张钞票。

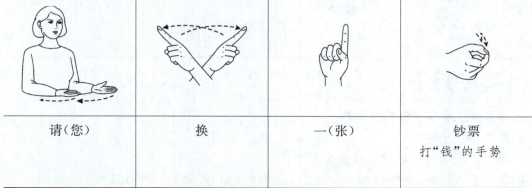

（3）这是您的零钱，请您查收。

这	是	您（的）	零
钱	请（您）	查 打"检查"的手势	收 双手平伸，掌心向上，边向内移动边捏拳

（4）您已经充值成功了。

您	已经	充	值
成功		了	

三、情景对话

情景 1：乘客在售票亭买票

票务员：您好。

乘客：我要买一张到江汉路的车票。

票务员：好的，请您稍等。收您 5 元，到江汉路站，共买 1 张单程票。

乘客：是的，谢谢。
票务员：这是您到江汉路站的车票和零钱，请您查收。
乘客：谢谢。

 手语图解

——您好。

——我要买一张到江汉路的车票。

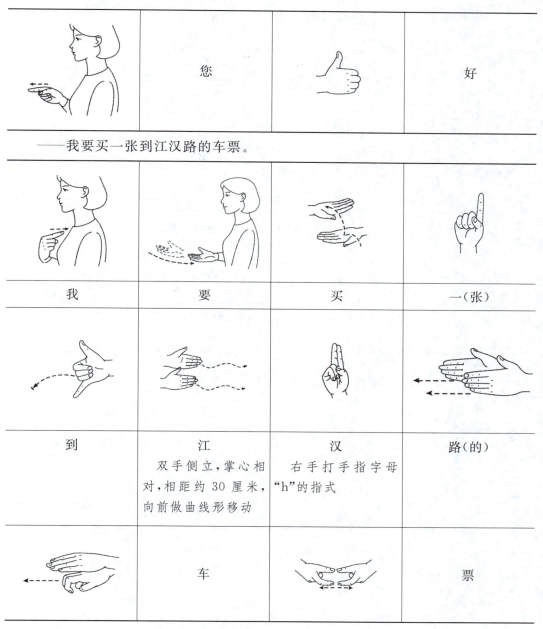

——好的,请您稍等。收您 5 元,到江汉路站,共买 1 张单程票。

好(的)	请(您)	稍等	收
您	5	元	到
江	汉	路	站
共	买	1(张)	单程 打"去"的手势
票			

——是的,谢谢。

	是(的)		谢谢

——这是您到江汉路站的车票和零钱,请您查收。

这	是	您	到
江	汉	路	站(的)
(车)票	和	零	钱
请(您)	查	收	

——谢谢。

	谢谢

情景 2：办理储值卡充值业务

票务员：您好。

乘客：你好，我要充值。

票务员：好的，请问您要充多少钱？

乘客：50 元。

票务员：好的，请稍等。（稍等片刻）您的卡已经充值成功了，请收好。

乘客：谢谢。

 手语图解

——您好。

	您		好

——你好，我要充值。

你	好	我	要
	充		值

办理储值卡充值业务

——好的，请问您要充多少钱？

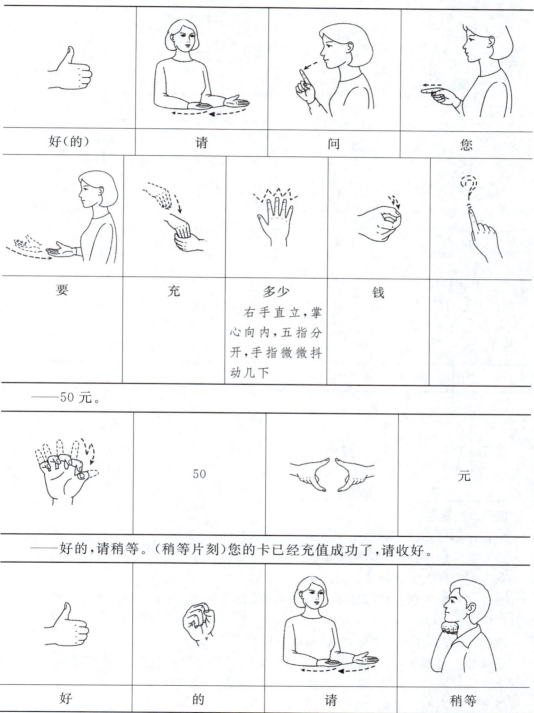

| 好（的） | 请 | 问 | 您 |

| 要 | 充 | 多少
右手直立，掌心向内，五指分开，手指微微抖动几下 | 钱 |

——50 元。

| | 50 | | 元 |

——好的，请稍等。（稍等片刻）您的卡已经充值成功了，请收好。

| 好 | 的 | 请 | 稍等 |

您（的）	卡	已经	充
值	成功	了	请
收		好	

——谢谢。

谢谢	

情景3：退票

乘客：你好，我想退票。

票务员：您好，对不起，不能退票。

乘客：为什么不能退票？我买错了票。

票务员：如果您买票时选错了目的地，没有关系，您在正确的站点下车后出站补票就可以了。

乘客：不是，我不需要坐地铁，所以要退票。

票务员：对不起，地铁规定，除地铁原因外，其他情况不能退票，请您谅解。

乘客：好吧。

票务员：谢谢您的配合。

手语图解

——你好,我想退票。

你	好	我	想
			右手伸食指,在太阳穴处转动两下,面露思考神态
退		票	

——您好,对不起,不能退票。

您	好	对不起	不
能(可以)	退	票	

——为什么不能退票?我买错了票。

为什么	不	能	退

票		我	买
错（了）			票

——如果您买票时选错了目的地，没有关系，您在正确的站点下车后出站补票就可以了。

如果 （1）双手直立，掌心相对，五指微曲，交替左右转动一下； （2）双手拇指、食指弯曲，搭成圆形	您	买	票
时	选	错	了
目的	地	没有	关系

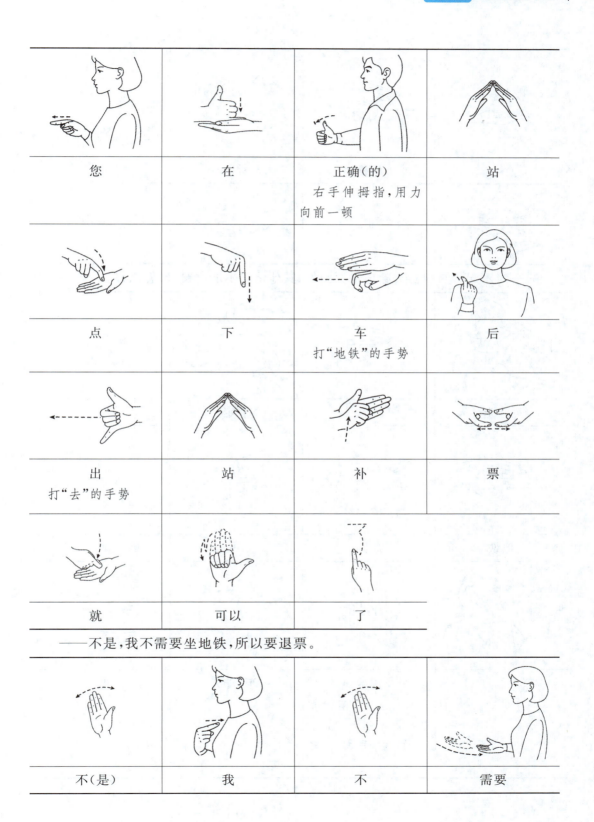

坐	地铁	所以	要
退		票	

——对不起,地铁规定,除地铁原因外,其他情况不能退票,请您谅解。

对不起	地铁	规定	除
地铁	原因	外	其
他	情况	不(能)	退

情况 双手直立,掌心相贴,五指分开,左手不动,右手向右转一下

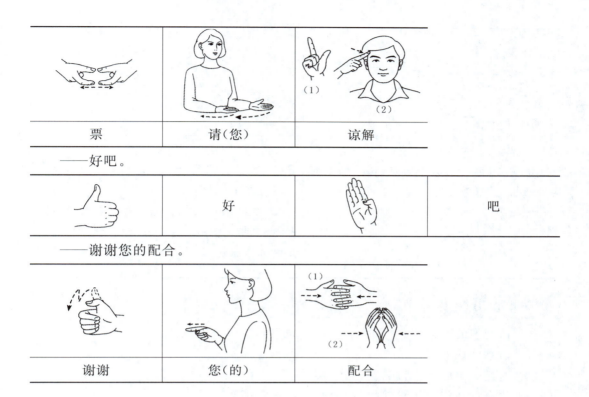

——好吧。

——谢谢您的配合。

任务3　其他票务事务处理

一、词汇

证件　　轨道　　交通　　故障

 手语图解

证件	轨道
双手平伸,掌心向上,由两侧向中间移动,并互碰一下	(1)左手食指、中指分开,指尖朝前;右手食指、中指弯曲,指背抵在左手食指、中指上;并向前移动,如火车行驶; (2)双手侧立,掌心相对,相距约20厘米,向前伸出

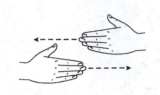	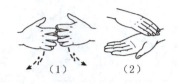
交通	故障
双手横立，由两侧向中间交错移动，象征车辆来往，引申为交通	(1)双手五指弯曲，食指、中指、无名指、小指关节小错相触，并转动几下； (2)左手平伸，掌心向上；右手五指并拢，食指、中指、无名指指尖按于左手脉门处，如中医诊脉状

二、常用服务语句

(1) 请把您的卡给我。
(2) 请拿好您的卡。
(3) 这是一张假币，请您换一张钞票。
(4) 这台自动售票机出现故障，请换一台机器买票。

手语图解

(1) 请把您的卡给我。

请	把	您(的)	卡
给		我	

（2）请拿好您的卡。

请	拿	好	您（的）	卡

（3）这是一张假币,请您换一张钞票。

这	是	一（张）	假 右手直立,掌心向左,五指分开,在面前微微煽动几下,面露怀疑神态
币 打"钱"的手势	请	您	换
一（张）		一（张）	钞票 打"钱"的手势

（4）这台自动售票机出现故障,请换一台机器买票。

这（台）	自	动	售
右手食指指向机器			

票	机	出现	故障
		（1）右手伸拇指、小指向外移动一下； （2）双手直立,掌心向内,左手不动,右手向内移动一下	

请	换	一	台
			右手打手指字母"t"的指式

机器	买	票

三、情景对话

情景1：票务员收到假币

乘客：您好，我要买一张到江汉路站的地铁票。

票务员：您好，请您稍等。（片刻后）对不起，请您换一张钞票好吗？

乘客：为什么？

票务员：很抱歉，这是一张假币，我们不能收。

乘客：好吧。

票务员：收您10元，到江汉路站，票价3元，共买1张单程票。

乘客：是的。

票务员：这是您到江汉路站的车票和零钱，请您查收。

乘客：好的。谢谢。

 手语图解

——你好，我要买一张到江汉路站的地铁票。

你	好	我	要
买	一（张）	到	江
汉	路	站（的）	地铁
票			

——您好,请您稍等。(片刻后)对不起,请您换一张钞票好吗?

您	好	请(您)	稍等
对不起	请	您	换
一(张)	钞票	好	吗

——为什么?

为什么	吗

——很抱歉,这是一张假币,我们不能收。

| 很 | 抱歉 | 这 | 是 |

一（张）	假	币	我们
不（能）		收	

——好吧。

好		吧	

——收您10元,到江汉路站,票价3元,共买1张单程票。

收	您	10	元
到	江	汉	路
站	票	价	3

元	共	买	1（张）
	单程		票

——是的。

	是	的	

——这是您到江汉路站的车票和零钱，请您查收。

这	是	您	到
江	汉	路	站（的）
（车）票	和	零	钱

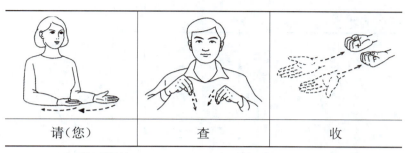

| 请（您） | 查 | 收 |

——好的，谢谢。

| | 好（的） | | 谢谢 |

情景 2：办理免票激活业务

票务员：您好，有什么可以帮您的吗？

乘客：你好，请帮我激活老年卡。

票务员：好的，请出示您的老年卡。

乘客：给你。

票务员：您的老年卡已经激活，现在可以使用了，请您收好。

乘客：谢谢。

票务员：不用客气，祝您旅途愉快！

办理免票激活业务

🔑 **手语图解**

——您好，有什么可以帮您的吗？

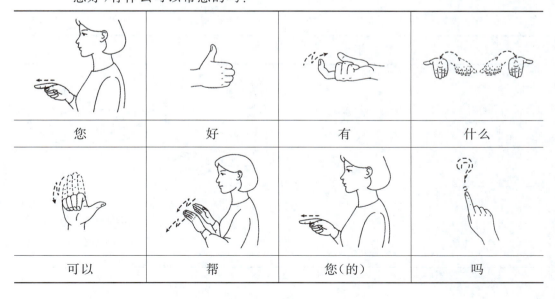

| 您 | 好 | 有 | 什么 |
| 可以 | 帮 | 您（的） | 吗 |

——你好,请帮我激活老年卡。

你	好	请	帮
我	激 右手打手指字母"j"的指式	活 右手食指直立,边转动边向上移动	老年
卡			

——好的,请出示您的老年卡。

好	的	请	出 引申为"给",同"给"的手势

示	您（的）	老年	卡
左手直立，掌心向前；右手食指、中指分开，指尖对着左手掌指点几下			

——给你。

给（你）	

——您的老年卡已经激活，现在可以使用了，请您收好。

您（的）	老年	卡	已经
激	活	现在	可以
使用（了）	请（您）	收	好

——谢谢。

	谢谢

——不用客气,祝您旅途愉快!

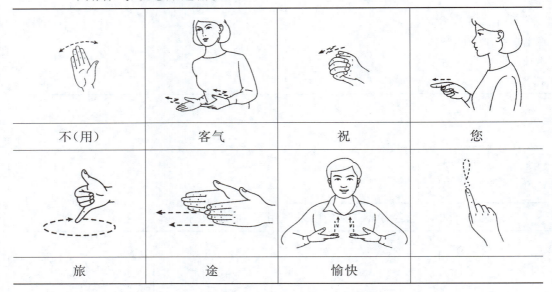

| 不(用) | 客气 | 祝 | 您 |
| 旅 | 途 | 愉快 | |

知识拓展

聋童早期语言干预:口语还是手语

重度或深度耳聋患者无法听见70分贝以下的声音,他们的听觉语音信息接收有限或完全缺失,口语的习得也会因此受到影响。为打破聋人和健听人群体的交流障碍,对聋童实行早期语言干预和听力重建一直都是聋童教育的重要目标。但是在干预中应采用口语还是手语,应使用一种语言还是多种语言等问题争议了几个世纪。

聋童语言干预的方法和理论有很多,如综合沟通法、双语教育等,我们根据其指导思想中对待手语的态度差异,将这些方法分为两个基本派别:口语派和手语派。

口语派并不重视或认可手语的作用,认为社会主流群体使用的语言是口语,所以应该教聋童口语。目前中国很多听力康复机构和特殊教育学校禁止聋童使用手语,因为部分教师和康复医生认为,如果聋童在日常生活中使用手语,将会妨碍他们学习口语。相反,手语派的专家则强调聋童在早期将手语作为母语习得的重要性。根据语言学理论,语言习得存在一个关键期。在此期间,习得一种或几种语言可以不需要专门的指导。如果在这一关键期内聋童没有完全接触手语,他们就很难再成为一个本族的手语使用者;而由于听力缺失,大部分聋童也无法成为本族的口语使用者,有的学者认为这类聋人可以被看作是"没有早期语言的人"。为避免出现这种情况,手语派的专家认为聋童应该在语言习得的关键期内掌握手语,使其经历正常的语言发展阶段。

中国目前患有听力障碍的群体近3000万人,其中有很大一部分是先天重度聋人;而且每年中国都有约2.3万个聋儿出生,所以我们所面临的聋童语言教育和康复的问题实际更为严峻,而采用何种语言作为聋童早期干预的语言,是摆在很多家长、教师和康复医生面前的一个非常现实和亟待解决的问题。

口语派主要采用两类不同的语言干预方法:口授法和综合沟通法。口授法的历史可以追溯到1880年。用口授法教育的聋童被期望能够使用读唇、残余的听力和说话能力来进行交流。不过越来越多的证据表明口授法对于大部分聋童来说是无效的。例如,美国和英国在20世纪六七十年代的政府报告中明确指出,口授法教育下的大部分聋童所取得的教育成绩令人沮丧。然而这种方法已经流行了一个多世纪,对聋童教育有着深远的影响。

与口语派相反,手语派认为聋童应该将手语作为母语习得。由于90%~95%左右的聋童的父母都是健听人,所以为了创造一个丰富的手语习得环境,一些国家如美国、英国等,建立了大量的手语双语教育和共融项目。手语双语教育项目出现于20世纪70年代,其基本观点是不管有没有植入人工耳蜗,所有的聋童都应该在语言习得早期学习手语。由于手语双语教育强调手语的重要性,所以我们将其归为手语派。在手语双语教育项目中,手语作为教学语言使用,教学课程和大纲也是为了适应手语来安排。这种理论主要是基于手语语言学的研究和聋人文化的兴盛建立起来的。

思考与练习

请用手语表示下列语句和情景对话。
(1) 请选择您的目的地并确认票价。
(2) 请把您的纸币从投币口投入。
(3) 您可以到自动售票机上购买车票。
(4) 请您排队购票。
(5) 这是您的车票和零钱,请您拿好。

(6) 对不起,这是一张假币,请您换一张钞票好吗?

(7) 对不起,这台自动售票机出现故障,请您换一台机器使用。

情景1:自动售票机零钱不足

站务员:对不起先生,请您到那边的自动售票机上购票。

乘客:为什么?

站务员:这台机器零钱不足了。

乘客:好的,知道了。售票亭可以买票吗?

站务员:售票亭也可以买票。

乘客:好的。

站务员:谢谢您的理解,祝您旅途愉快。

情景2:售票亭零钱不足

票务员:您好。

乘客:你好,我要买一张到光谷广场站的地铁票。

票务员:好的,收您100元。(片刻后)对不起,我这里没有零钱了,请问您有零钱吗?

乘客:我也没有。

票务员:对不起,请您稍等,我去换零钱。

乘客:好的。

项目 4　站台服务手语

本项目以城市轨道交通客运服务过程中站台服务内容为基础展开,设置了维持站台秩序、特殊情况服务和特色服务 3 个任务。通过本项目的学习,能够熟练地使用常见服务手语,更好地为聋哑人乘客提供服务。

 学习目标

1. 掌握站台服务常用手语语句、站台安全提示等常见用语,熟练运用这些手语维持站台秩序、处理特殊乘客的突发情况、安全候车等;

2. 熟悉为乘客下轨道拾物、租借雨伞等特殊服务内容手语;

3. 能够熟练运用手语开展站台服务工作。

任务 1 维持站台秩序

一、词汇

门　蹲　空隙　站台　倚靠　奔跑

 手语图解

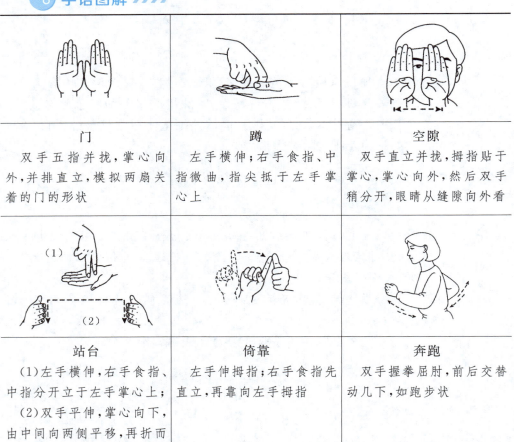

二、常用服务语句

(1) 请在黄色安全线内等候。
(2) 请不要倚靠屏蔽门（注：屏蔽门又作安全门，此处手语打"安全门"手势）。
(3) 请照看好您的小孩，不要在站台奔跑。

(4) 请注意列车与站台之间的空隙,先下后上。
(5) 为了您和他人的安全,请不要蹲姿候车。
(6) 车门即将关闭,请注意安全。

手语图解

(1) 请在黄色安全线内等候。

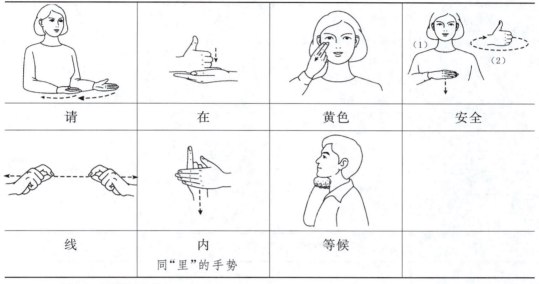

(2) 请不要倚靠屏蔽门。

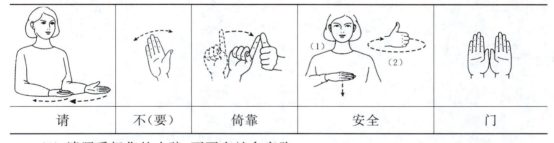

(3) 请照看好您的小孩,不要在站台奔跑。

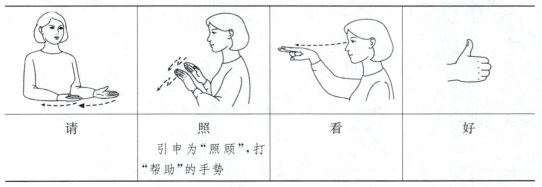

您(的)	小孩	不(要)	在
	右手平伸，掌心向下一按（根据小孩不同的身高决定手的高低）		
站台		奔跑	

(4) 请注意列车与站台之间的空隙，先下后上。

请	注意	列车	与
站台	之间(的)	空隙	先
	左手横立，五指分开；右手伸食指，在左手中指和无名指指缝间插一下		

下	后 左手伸出拇指、小指；右手伸食指，点一下左手小指	上

（5）为了您和他人的安全，请不要蹲姿候车。

为了	您	和	他人 同"别人"的手势
安全	请	不（要）	蹲（姿）
候	车		

(6) 车门即将关闭,请注意安全。

车	门	即将	关闭
		右手打手指字母"j"的指式,表示"将"	双手直立,掌心相对,然后向外转动90°,双手并拢,掌心向外(也可根据实际模仿关的动作)
请	注意	安全	

三、情景对话

情景1:发现乘客蹲姿候车

站务员:您好,请不要蹲姿候车。
乘客:我喜欢蹲着。
站务员:您蹲在这里很不安全,谢谢您的配合。
乘客:我会自己注意安全的。
站务员:列车进站速度很快,风也很大,我们要确保您的安全。
乘客:好的,谢谢。(乘客站起来走开)

发现乘客蹲姿候车

🔑 **手语图解**

——您好,请不要蹲姿候车。

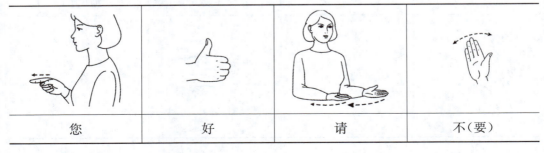

您	好	请	不(要)

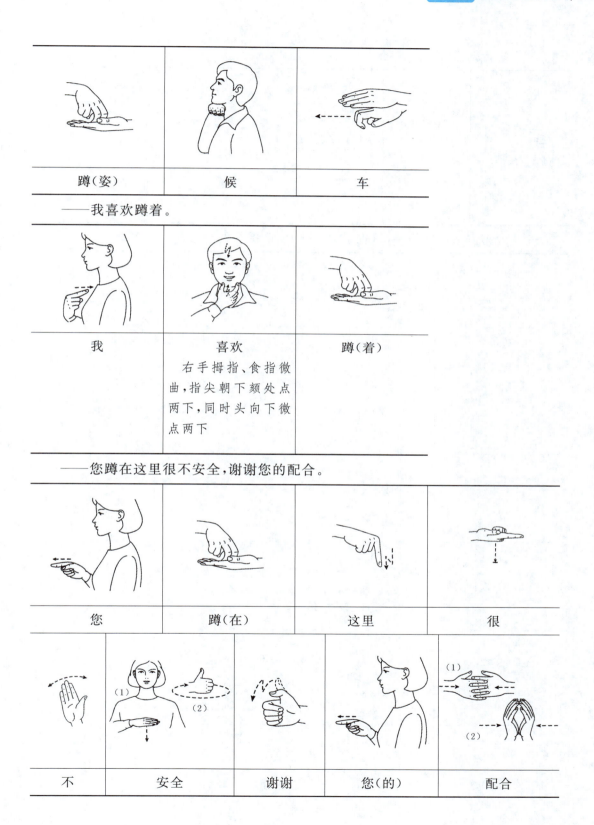

——我喜欢蹲着。

| 蹲(姿) | 候 | 车 |

| 我 | 喜欢
右手拇指、食指微曲，指尖朝下颔处点两下，同时头向下微点两下 | 蹲(着) |

——您蹲在这里很不安全，谢谢您的配合。

| 您 | 蹲(在) | 这里 | 很 |

| 不 | 安全 | 谢谢 | 您(的) | 配合 |

——我会自己注意安全的。

我	会 打"能"的 手势	自己	注意	安全（的）

——列车进站速度很快，风也很大，我们要确保您的安全。

列车	进	站	速度 （1）右手拇指、食指相捏，由右向左快速挥动一下； （2）左手食指直立，右手食指横伸贴于左手食指并上下移动
很	快 右手拇指、食指相捏成小圆圈，从右向左快速划动，如流星一般，象征速度快	风 右手直立，五指微曲，左右来回扇动几下	也
很	大 双手侧立，掌心相对，同时向两侧移动，幅度要大一些	我们	要

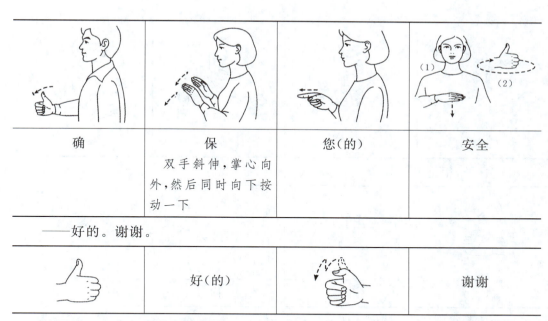

——好的。谢谢。

情景 2：发现小孩在站台追逐

站务员：您好，请照看好您的小孩，不要在站台上奔跑。

乘客：好的，很抱歉。

站务员：地面很滑，容易摔倒。谢谢您的配合。

 手语图解

——您好，请照看好您的小孩，不要在站台奔跑。

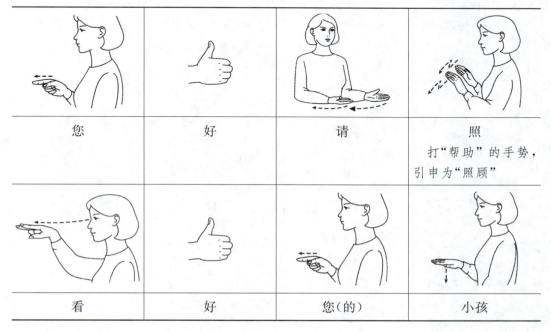

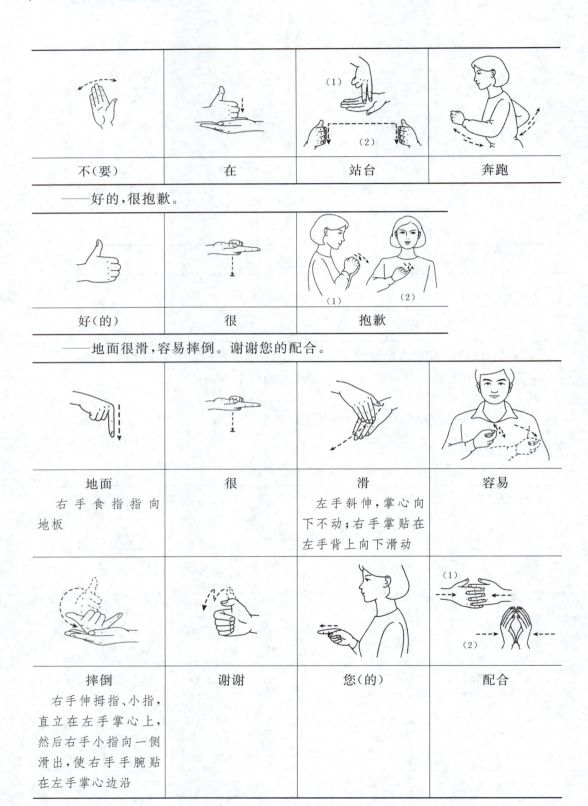

任务 2　站台特殊情况服务

一、词汇

休息　　登记　　留下　　电话

🔑 **手语图解**

休息	登记	留（下）	电话
双手交叉贴于胸部	左手横伸；右手中指、无名指、小指指尖朝下在左手掌心上点一下，表示登记信息	双手横伸，一上一下，右手掌轻拍一下左手背，并向下一按	右手伸拇指、小指，拇指置于耳边，小指置于口边如打电话状

二、常用服务语句

（1）请问您在哪一站下车？
（2）请跟我到客服中心登记，留下您的联系电话。
（3）请尽快离开车站，不要长时间在站台停留。
（4）我扶您到椅子上休息一下吧。

🔑 **手语图解**

（1）请问您在哪一站下车？

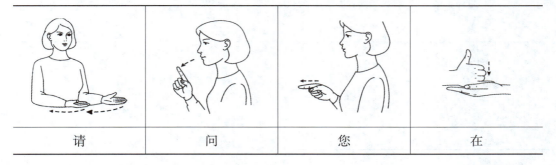

请	问	您	在

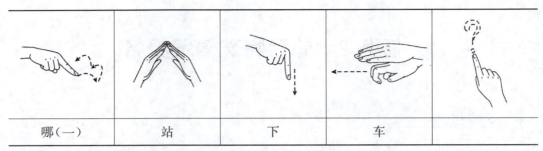

| 哪（一） | 站 | 下 | 车 | |

（2）请跟我到客服中心登记，留下您的联系电话。

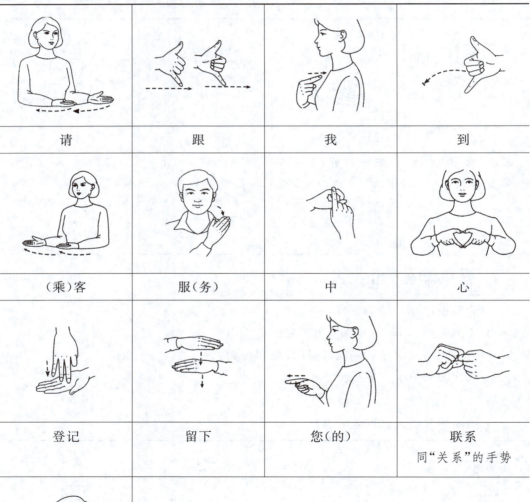

请	跟	我	到
(乘)客	服(务)	中	心
登记	留下	您(的)	联系 同"关系"的手势

电话

(3) 请尽快离开车站，不要长时间在站台停留。

请	尽	快	离开
	双手先贴于胸部，然后向外伸出，掌心向上		打"出去"的手势
车站	不（要）	长	时间
		双手食指直立，指面相对，从中间向两侧拉开（可根据实际情况模仿长的状态）	
在	站台	停	留

(4) 我扶您到椅子上休息一下吧。

我	扶	您	到
	右手横伸；左手伸拇指、小指，平放在右手掌上，然后右手将左手扶起		

椅子(上)	休息	一	下(吧)
左手直立,掌心向右;右手食指、中指、无名指、小指弯曲与左手掌成 90°,指尖抵住左掌心,仿椅子形状			

三、情景对话

情景 1：乘客有物品掉下轨道

乘客：你好,我的手机掉到轨道上了,怎么办?

站务员：您好,不要担心,我先看看手机掉的位置。(观察片刻后)您好,手机可以帮您捡回来,但是现在不行,得下班后才能捡。

乘客：为什么现在不能捡?

站务员：现在去轨道上捡物品会影响列车正常运行,请您谅解。

乘客：我怎么办?

站务员：您可以跟我到客服中心登记,留下您的联系方式,捡回手机后,我们立即与您联系,可以吗?

乘客：好的,谢谢。

 手语图解

——你好,我的手机掉到轨道上了,怎么办?

你	好	我(的)	手机
			(1)左手伸拇指,其他四指握拳;右手食指在左手上随意点几下,如在手机上拨号(也可模仿单手拨手机号的动作); (2)左手姿势不变,置于耳边做听手机的动作

掉（到） 同"落"的手势。左手横伸，掌心向上不动；右手拇指、食指捏成小圈形，其他手指张开，由上向下移至左手掌心上	轨道（上）	了	怎么办

——您好，不要担心，我先看看手机掉的位置。（观察片刻后）您好，手机可以帮您捡回来，但是现在不行，得下班后才能捡。

您	好	不（要）	担心 双手拇指、食指搭成"♡"形，置于胸前，并向上一提，表示提心吊胆
我	先	看看	手机

掉	的	位置 左手横伸；右手伸拇指，置于左手掌心上，表示所在的位置	您
好	手机	可以	帮
您	捡 右手拇指、食指张开，指尖朝下，边向上移动边捏合，反复两次（可根据实际模仿捡、拾的动作）	回来 右手伸拇指、小指，由外向内移动（可根据实际确定手势移动的方向）	但是 （1）右手打手指字母"d"的指式； （2）右手拇指、食指相叠，指尖朝上
现在	不行	得 打手指字母"d"的指式	下班 （1）右手食指朝下一指； （2）双手握拳，一上一下，右拳向下砸一下左拳

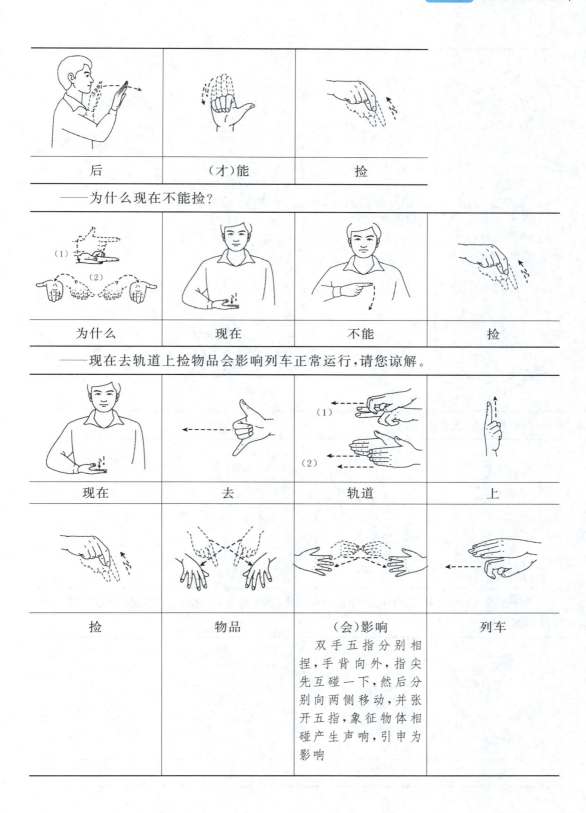

——为什么现在不能捡?

——现在去轨道上捡物品会影响列车正常运行,请您谅解。

(会)影响 双手五指分别相捏,手背向外,指尖先互碰一下,然后分别向两侧移动,并张开五指,象征物体相碰产生声响,引申为影响

118 | 城市轨道交通客运服务手语

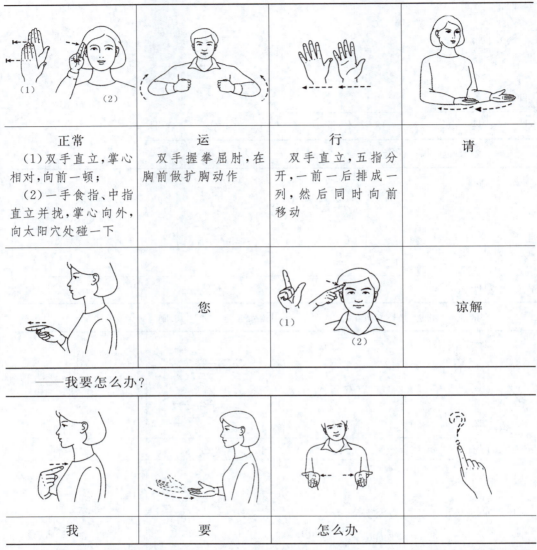

——我要怎么办？

| 我 | 要 | 怎么办 |

——您可以跟我到客服中心登记，留下您的联系方式，捡回手机后，我们立即与您联系，可以吗？

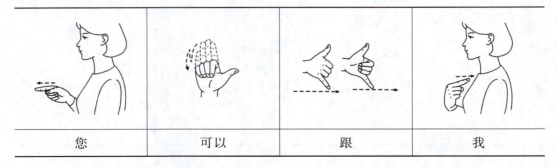

| 您 | 可以 | 跟 | 我 |

到	（乘）客	服（务）	中
心	登记	留下	您（的）
联系	电话	捡	回
手机	后	我们	立即 （1）左手横伸；右手食指、中指分开于左手掌心上； （2）右手拇指、食指相捏，在眼前迅速划过，如流星划过天空状

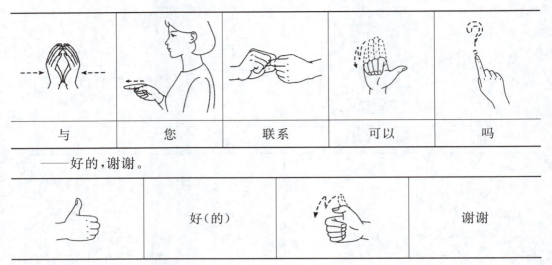

——好的,谢谢。

	好(的)		谢谢

情景 2：发现乘客在站台逗留

站务员：您好,请问您在站台还有什么事吗？

乘客：我在等人。

站务员：您好,地铁规定乘客不能长时间在地铁站内停留。如果您要等人,请在站外等候。

乘客：我就等一会。

站务员：请您配合我们的工作,谢谢。

乘客：好吧。

 手语图解

——您好,请问您在站台还有什么事吗？

您	好	请	问
您	在	站台	上

还	有	什么	事 右手食指、中指相叠，指尖朝上	吗

——我在等人。

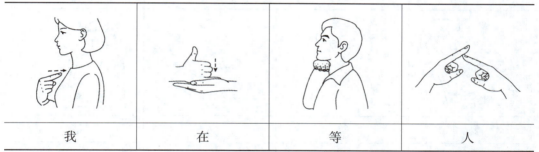

我	在	等	人

——您好，地铁规定乘客不能长时间在地铁站内停留。如果您要等人，请在站外等候。

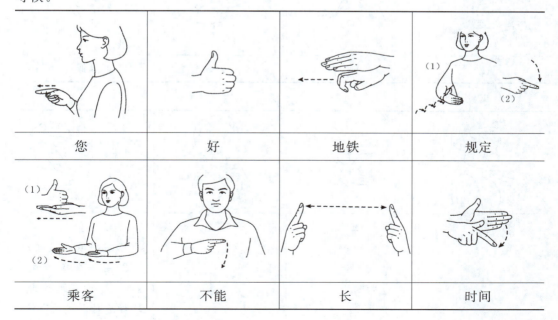

您	好	地铁	规定
乘客	不能	长	时间

在	地铁	站	内
停	留	如果	您
要	等	人	请
在	站	外	等候

——我就等一会。

我	就	等	一会
			(1)右手食指横伸；(2)右手拇指、食指相捏，在眼前迅速划过，如流星划过天空状

——请您配合我们的工作,谢谢。

请	您	配合	我们(的)
(1) (2)	工作		谢谢

——好吧。

	好		吧

情景 3:发现乘客身体不适

站务员:您好,您的脸色不好,有哪里不舒服吗?
乘客:我发烧了。
站务员:我扶您到旁边的椅子上休息一下。
乘客:好的,谢谢。
站务员:您最好到附近医院治疗一下。
乘客:好的,我会的。

发现乘客身体不适

 手语图解

——您好,您的脸色不好,有哪里不舒服吗?

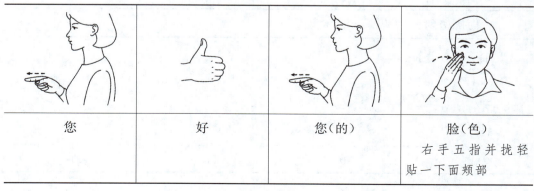

您	好	您(的)	脸(色) 右手五指并拢轻贴一下面颊部

不	好	有	哪里
不	舒服 右手打手指字母"sh"的指式，在胸部转一圈	吗	

——我发烧了。

我	发烧 右手先按于前额，面露痛苦表情，然后手移至头边，五指微曲，指尖朝上，上下微动两下	了	

——我扶您到旁边的椅子上休息一下。

我	扶	您	到

项目 4　站台服务手语 | 125

旁边（的） 右手食指指向椅子方向	椅子	上	休息
	一		下

——好的，谢谢。

	好（的）		谢谢

——您最好到附近医院治疗一下。

您	最	好	到
附近 双手拇指、食指相捏，虎口向上，相互靠近	医院 （1）一手拇指、食指搭成"十"字形置于前额； （2）双手搭成"∧"形	治疗 （1）右手打手指字母"zh"的指式； （2）左手拇指、食指伸出"厂"形；右手食指在左手拇指上点以下，再在"厂"形内书空"了"字，模仿"疗"字的一部分	一

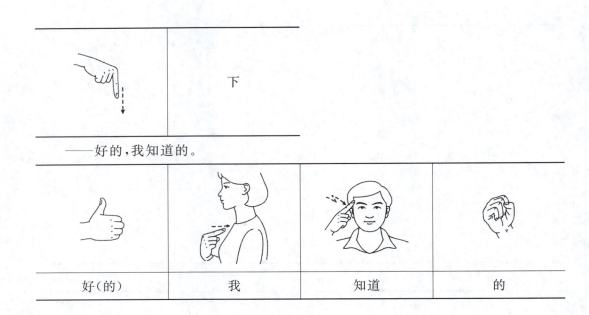

——好的,我知道的。

任务3 其他站台事务处理

一、词汇

方便　雨伞

 手语图解

方便
(1)右手打手指字母"f"的指式;
(2)右手拇指、食指相捏,手背向下,上下动几下

伞
左手食指直立;右手五指张开,掌心向下抵于左手食指指尖,模仿伞状

二、常用服务语句

(1)我带您过去,请您跟我走。
(2)向东走200米,就可以到达你的目的地了。

手语图解

（1）我带您过去,请您跟我走。

我	带	您	过去
请（您）	跟	我	走

（2）向东走 200 米,就可以到达您的目的地了。

向	东	走	2
百	米	就	可以
到（达）	您（的）	目的	地（了）

三、情景对话

情景 1：发现乘客异常，主动上前提供帮助

站务员：您好，请问有什么可以帮您的吗？

乘客：你好，我想去站厅，但是我不知道怎么走。

站务员：您好，您可以乘坐电梯到 2 楼，或者从左边的楼梯上去。

乘客：好的，谢谢你。

站务员：不用客气，我可以带您过去，请您跟我走。

乘客：太好了，谢谢。

🔑 **手语图解**

——您好，请问有什么可以帮您的吗？

您	好	请	问
有	什么	可以	帮
您（的）		吗	

——你好，我想去站厅，但是我不知道怎么走。

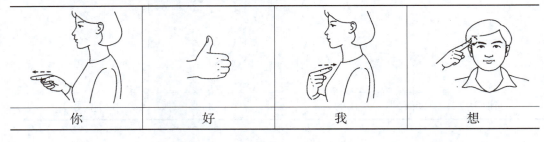

| 你 | 好 | 我 | 想 |

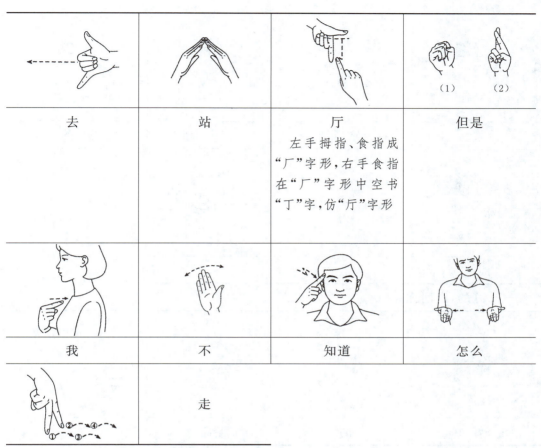

——您好,您可以乘坐电梯到 2 楼,或者从左边的楼梯上去。

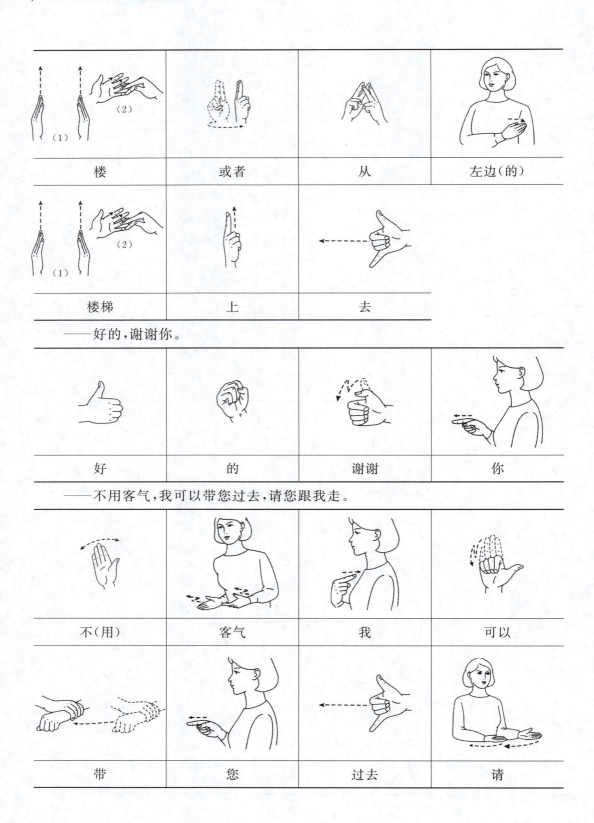

| 楼 | 或者 | 从 | 左边(的) |

| 楼梯 | 上 | 去 | |

——好的,谢谢你。

| 好 | 的 | 谢谢 | 你 |

——不用客气,我可以带您过去,请您跟我走。

| 不(用) | 客气 | 我 | 可以 |

| 带 | 您 | 过去 | 请 |

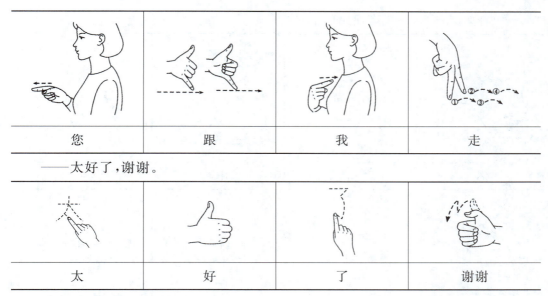

——太好了,谢谢。

情景 2:租借雨伞

站务员:您好,有什么可以帮您的吗?

乘客:你好,请问车站里有便民雨伞吗?

站务员:有的,请留下您的姓名和联系电话,并交纳 50 元押金,就可以使用车站的雨伞了。

乘客:太好了,谢谢。

站务员:不用客气。您还需要在规定时间内把雨伞还回来,到时退还您的押金。

乘客:好的,没有问题。

手语图解

——你好,有什么可以帮您的吗?

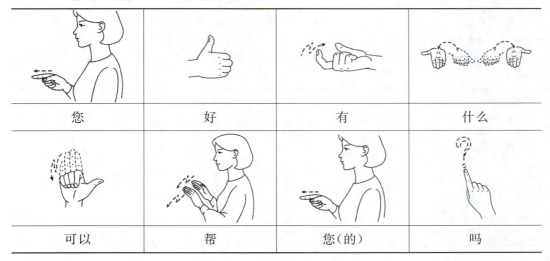

——你好,请问车站里有便民雨伞吗?

你	好	请	问
车站	里	有	便
民 双手食指搭成"人"字形,并顺时针转一圈	雨	伞	吗

——有的,请留下您的姓名和联系电话,并交纳 50 元押金,就可以使用车站的雨伞了。

有(的)	请	留下	您(的)

姓名 左手中指、无名指、小指横伸；右手食指指尖自左手中指指尖向下划动	和	联系	电话
并	交纳 双手并排平伸，掌心向上，同时向前伸出	50	元
押金 （1）左手横伸，掌心向下；右手握拳置于左手背上； （2）右手拇指、食指相捏成圆形，微微晃动几下	就	可以	使用

| 车站(的) | 雨 | 伞 | 了 |

——太好了,谢谢。

| 太 | 好 | 了 | 谢谢 |

——不用客气。您还需要在规定时间内把雨伞还回来,到时退还您的押金。

不(用)	客气	您	还
需要	在	规定	时间
内	把	雨	伞

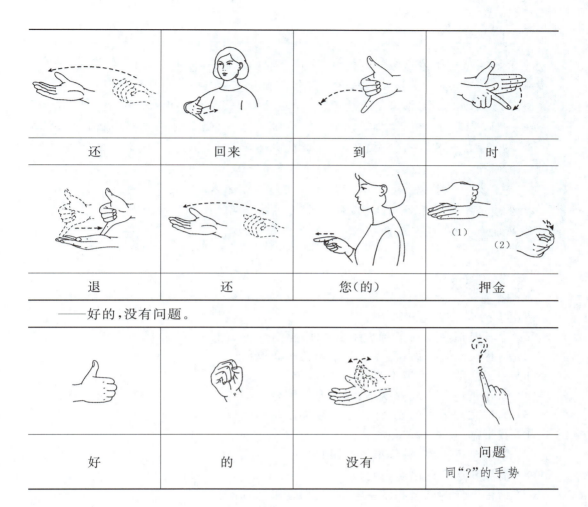

还	回来	到	时
退	还	您（的）	押金

——好的，没有问题。

好	的	没有	问题 同"?"的手势

> **知识拓展**
>
> ### 手语歌曲
>
> 　　手语歌曲是一种手语艺术与歌曲艺术相结合的全新艺术表现形式，在我国出现不到 40 年的时间，如今已发展成为人们在日常生活、学习、工作中的娱乐形式。音乐是用来表达人类情感的，融合了舞蹈等多种元素，随着全社会对残障人士文化事业的关注度逐渐提高，手语歌曲也受到人们的重视。对于全世界的聋哑人来说，手语歌曲的发展是有益的，各方面关注度的提高，使社会对聋哑人的人文关怀也逐渐提高。
>
> 　　在我国，手语歌曲对 20 世纪七八十年代的人们来说还是非常陌生的。1982 年，一支从日本来的艺术团将手语歌曲介绍到中国，并引起了社会的关注；1985 年，上海聋哑技校和上海残障人士舞蹈团联合编排了中国第一首手语歌曲《我的中国心》，并获得了"上海之春"音乐节的一等奖；1990 年，西安市聋哑学校的老

师在全国首创了手语国歌《义勇军进行曲》；1991年，偶像组合"小虎队"推出新专辑《爱》的手语版本，赢得了数以万计的青少年的关注；随后的一年内，歌手周华健的新歌《朋友》也推出了手语版本；1994年，歌手孙悦推出第一首MTV手语歌曲《祝你平安》。手语歌曲不仅受到聋人朋友的喜爱，在青少年中的传播更为广泛，从20世纪80年代兴起至今，手语歌曲逐渐成为乐坛的一种流行趋势。

　　在国外，1950年世界首个聋人话剧团在美国成立，演出手语音乐剧等节目；1980年，聋人话剧团应邀参加"亚特兰大奥林匹克艺术节"；1978年，聋人话剧团首次公演了手语音乐舞台剧《飞舞的手指》；1995年，日本三栖女星酒井法子演唱手语歌曲《碧绿色的小兔子》。

思考与练习

请用手语表示下列语句和情景对话。
（1）上车时请注意列车与站台之间的空隙，先下后上。
（2）请尽快离开车站，不要在车站内长时间逗留。
（3）为了您的安全，请不要依靠屏蔽门。
（4）请在黄色安全线内候车，谢谢您的配合。
（5）为了您和他人的安全，请不要蹲姿候车。
（6）我带您过去，请您跟我走。
（7）您脸色很不好，有哪里不舒服吗？
（8）需要我送您到医院去吗？
（9）请留下您的姓名和联系电话，我们会跟您联系。

情景1：提醒乘客在黄色安全线内候车
站务员：乘客，您好。请不要站在黄色安全线边缘，那样很不安全。
乘客：没事，我会自己注意安全的。
站务员：列车进站速度很快，风也很大，请您在黄色安全线内候车。
乘客：好的。
站务员：谢谢您的配合。

情景2：问询服务
站务员：您好，有什么可以帮您的？
乘客：您好，我想问一下附近有商场吗？
站务员：有的。您从B出口出站，向东走500米，就可以看到商场了。
乘客：好的，谢谢你。
站务员：不用客气。

项目 5　出站服务手语

本项目以聋哑人乘客在换乘、出站过程中遇到的问题为基础展开,通过换乘、携带大件物品出站、闸机故障等相关情景,主要介绍乘客出站的基础服务手语和城市轨道交通客运服务日常事务手语。

 学习目标

1. 掌握出站服务常用手语词汇;
2. 掌握并运用出站服务常用手语语句,包括指导聋哑人乘客换乘、处理特殊情况、出站事务等服务用语的手语;
3. 能够熟练运用手语开展出站服务工作。

任务 1　组织乘客出站

一、词汇

广播　　秩序　　标志

🔑 **手语图解**

广播	秩序	标志
右手五指弯曲分开，指尖对着口部，嘴微动几下，如播音员播音状	双手直立，掌心相对，向左侧一顿一顿移动几下	左手食指直立；右手打手指字母"zh"的指式，指尖对准左手食指

二、常用服务语句

（1）请按秩序排队出站，谢谢您的配合。
（2）请问去光谷广场在哪一站换乘？

🔑 **手语图解**

（1）请按秩序排队出站，谢谢您的配合。

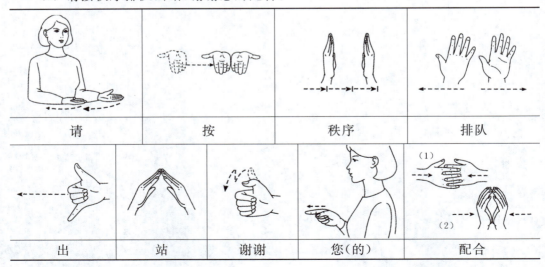

（2）请问去光谷广场在哪一站换乘？

请	问	去	光
谷	广场	在	哪（一）
站	换	乘	

三、情景对话

情景 1：换乘问询

站务员：您好，请问您需要帮助吗？
乘客：我们要去汉口火车站，请问是在这一站换乘吗？
站务员：是的，您可以换乘 2 号线，到汉口火车站下车。
乘客：好的，谢谢。
站务员：不用客气。

换乘问询

 手语图解

——您好，请问您需要帮助吗？

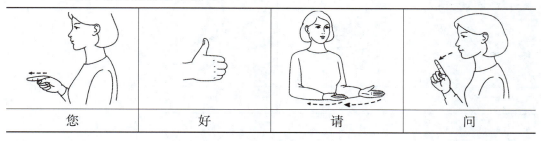

您	好	请	问

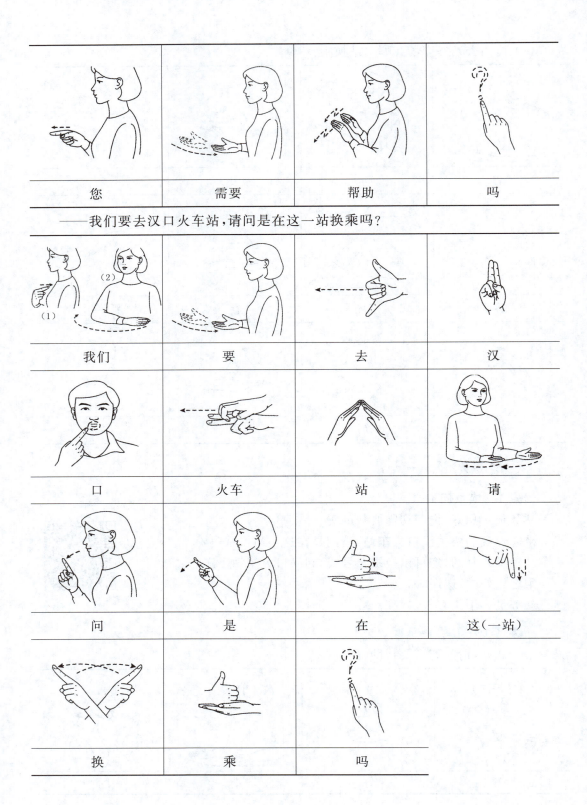

——我们要去汉口火车站,请问是在这一站换乘吗?

——是的,您可以换乘 2 号线,到汉口火车站下车。

是(的)	您	可以	换
乘	2(号)	线	到
汉	口	火车	站
下		车	

——好的,谢谢。

好	的	谢谢

——不用客气。

不(用)	客气	

情景 2：发现携带大件物品的乘客需要出站

站务员：乘客您好。

乘客：您好，有什么事吗？

站务员：您的物品太大，请走边门。

乘客：好的。

站务员：请将您的车票给我，我帮您投进闸机好吗？

乘客：好的，谢谢你。

站务员：不用客气。

 手语图解

——乘客您好。

乘客	您	好

——您好，有什么事吗？

您	好	有	什么

事 右手食、中指相叠，指尖朝上		吗

——您的物品太大，请走边门。

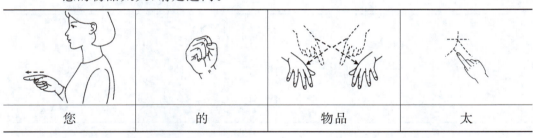

您	的	物品	太

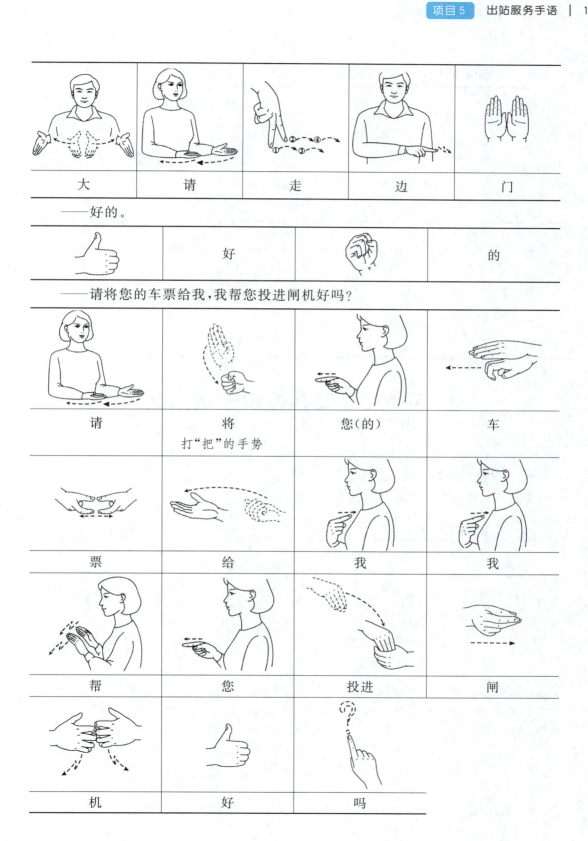

——好的，谢谢你。

好	的	谢谢	你

——不用客气。

不(用)		客气

任务 2　乘客违规无法出站

一、词汇

身高　违反　测量　保安

 手语图解

身高	违反	测量	保安
右手横伸，掌心向下，向上举过头	右手掌心先贴于耳部，然后翻转为掌心向外	左手虚握，虎口朝内贴在眼上；右手食指直立在眼前左右移动，模仿测量的动作	(1)双手斜伸，掌心向外，微按一下；(2)右手横伸，掌心向下，自胸前向下一按

二、常用服务语句

（1）根据地铁规定，您需要补票。
（2）对不起，您不能违反规定使用学生卡。
（3）对不起，您的车票已超时，请按规定补交车费。
（4）如果您不配合，我就要通知保安了。

🔑 **手语图解**

（1）根据地铁规定，您需要补票。

根据	地铁	规定	您
左手握拳，手背向上；右手握住左手腕部			

需要	补	票

（2）对不起，您不能违反规定使用学生卡。

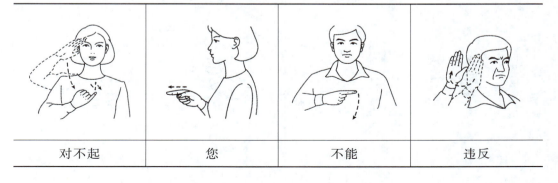

对不起	您	不能	违反

规定	使用	学生 (1)双手斜伸,掌心向内,置于胸前,如读书状; (2)右手平伸,掌心向下一按	卡

(3)对不起,您的车票已超时,请按规定补交车费。

对不起	您(的)	车	票
已	超 双手食指直立,左手不动,右手向上动一下	时	请
按	规定	补	交

	车（地铁）		费 打"钱"的手势

(4) 如果您不配合，我就要通知保安了。

如果	您	不	配合
我	就	要	通知 （1）右手五指撮合，指尖朝前，从嘴部向前伸出，同时放开五指； （2）右手食指指尖点一下太阳穴处
保安		了	

三、情景对话

情景 1：乘客无票无法出站

站务员：您好，请问您需要帮助吗？

乘客：我怎么出去？

站务员：您的车票投进闸机了吗？

乘客：没有，我的车票不见了，就是那个蓝色圆的车票。

站务员：是的，那是单程票。如果您的车票丢失，按照规定，您需要补交全程票款

8元。

乘客：但是我已经买了票。

站务员：对不起，我相信您不是故意弄丢的，但这是地铁公司的规定，请您谅解。

乘客：好吧。

站务员：谢谢您的配合，下次请保管好您的车票。

 手语图解

——您好，请问您需要帮助吗？

——我怎么出去？

——您的车票投进闸机了吗？

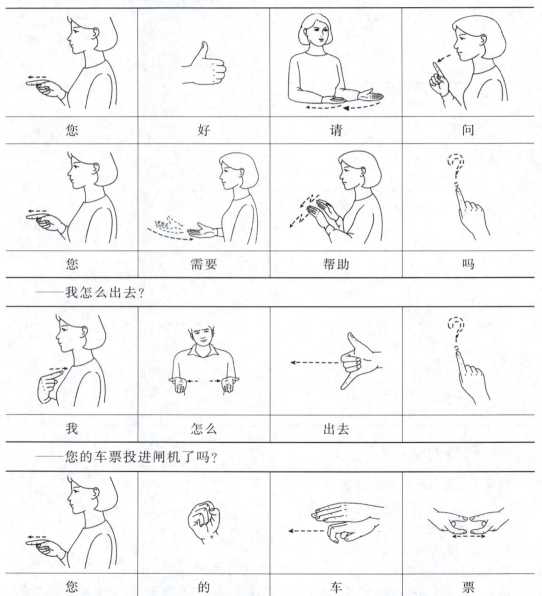

投进	闸	机	了
吗			

——没有,我的车票不见了。就是那个蓝色圆的车票。

没有	我(的)	车票	不
见 双手食指、中指微曲,指尖相对,从两侧向中间移动,表示双方目光相接	了	就	是(那个)
蓝色 右手打手指字母"l"的指式,并沿胸的一侧划下	圆(的)	车	票

——是的,那是单程票。如果您的车票丢失,按照规定,您需要补交全程票款8元。

是(的)	那 右手食指向外指	是	单程 打"去"的手势
票	如果	您(的)	车票
丢失 一手虚握,由前向后一甩,并放开五指(模仿"丢"的动作)	按照	规定	您
需要	补	交	全

程	票	款	8	元
双手横立，左手在后不动，右手向前一顿一顿移动几下				

——但是我已经买了票的。

但是	我	已经	买
了		票	
——对不起，我相信您不是故意弄丢的，但这是地铁公司的规定，请您谅解。

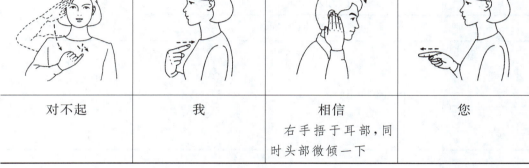

对不起	我	相信	您
		右手捂于耳部，同时头部微倾一下	

不是	故意 右手食指指一下心脏部位,然后向外横伸	(弄)丢(的)	但
这	是	地铁	公司(的) (1)双手拇指、食指搭成"公"字形； (2)右手打手指字母"S"的指式
规定	请(您)	谅解	

——好吧。

	好		吧

——谢谢您的配合,下次请保管好您的车票。

谢谢	您（的）	配合	下
次	请	保管	好
您（的）		车票	

情景 2：儿童超高需购买车票

站务员：您好,您的小孩已经超过 1.2 米,按照规定,需要购买地铁票。

乘客：他才 6 岁,还很矮。

站务员：您好,您可以到测量点测量身高。

乘客：（发现超过 1.2 米）好吧,我现在怎么办?

站务员：根据地铁规定,您需要为他购买一张车票。

乘客：好的。

站务员：谢谢您的理解与配合。

🔑 **手语图解**

——您好,您的小孩已经超过 1.2 米,按照规定,需要购买地铁票。

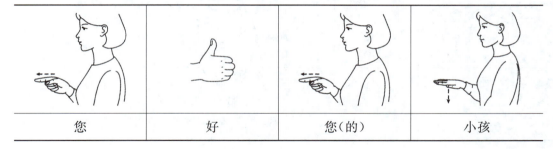

您	好	您（的）	小孩

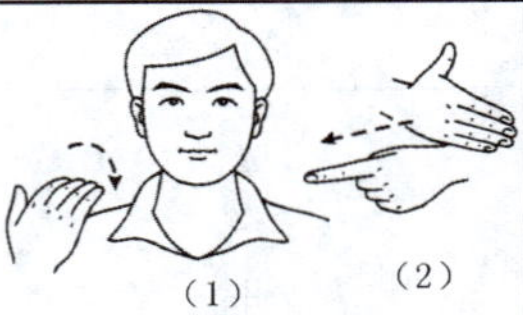 已经	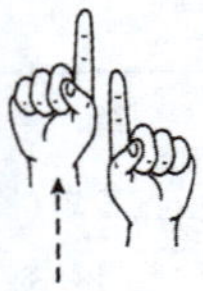 超过	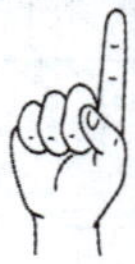 1	 点
 2	 米	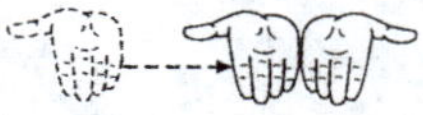 按照	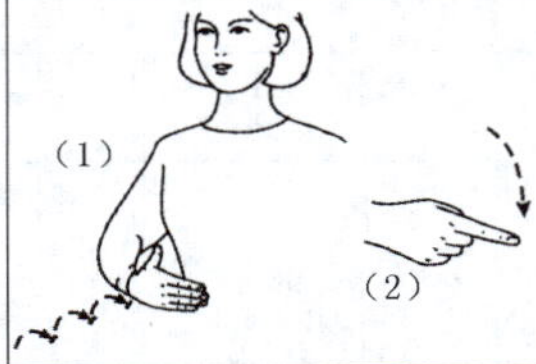 规定
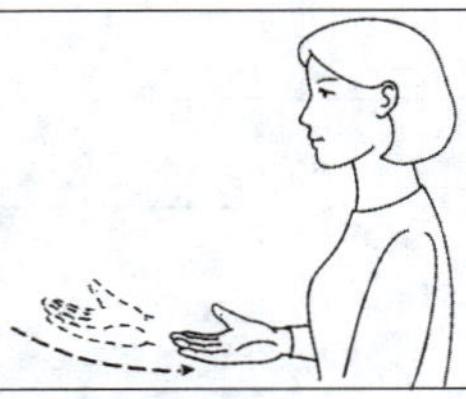 需要	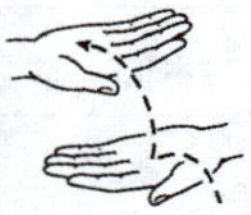 购买	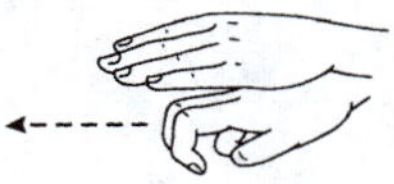 地铁	 票

——他才 6 岁,还很矮。

 他	 才	 6	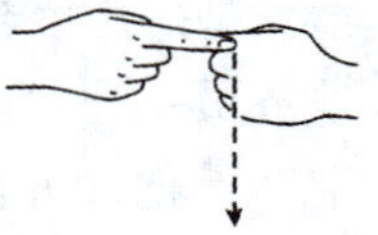 岁

岁:左手握拳,手背向外;右手食指自左手食指关节处向下划一下

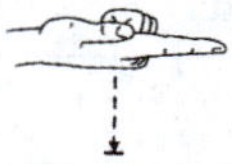

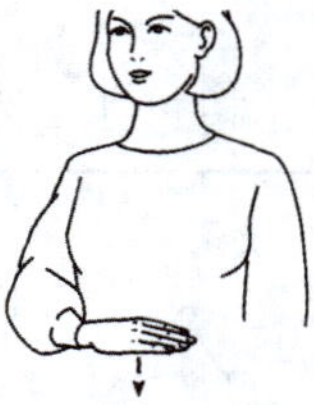

还	很	矮

矮:右手横伸,掌心向下,自腹部往下一按

——您好,您可以到测量点测量身高。

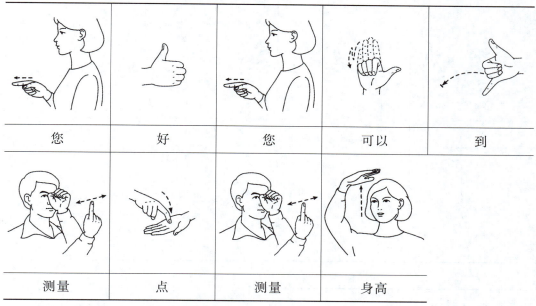

——(发现超过 1.2 米)好吧,我现在怎么办?

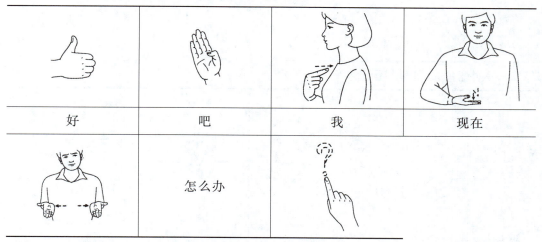

——根据地铁规定,您需要为他购买一张车票。

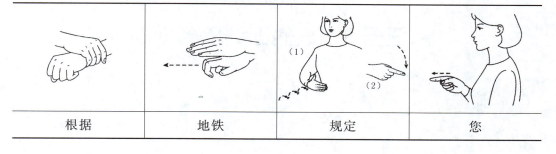

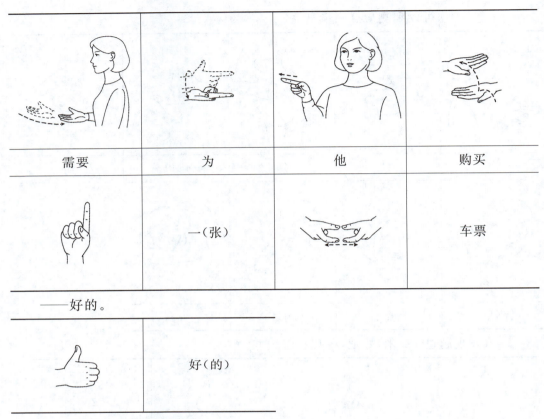

——好的。

——谢谢您的理解与配合。

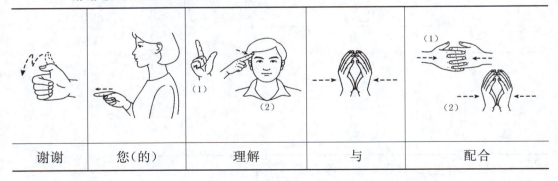

任务 3　其他出站事务处理

一、词汇

维修　　信息

手语图解

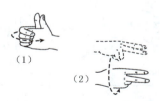	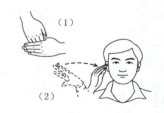
维修	信息
(1)左手伸拇指；右手侧立，五指微曲，绕左手转半圈； (2)右手食指、中指分开，指尖朝前，手腕转动一下	(1)左手成"["形，虎口朝上；右手五指并拢插入左手虎口内； (2)右手五指微曲张开，掌心向外，然后五指撮合，指尖贴近耳部，如听到外界消息

二、常用服务语句

(1)请您按时出闸，以免超时补票。

(2)闸机可能卡票了，请您稍等。

(3)您的卡出现故障，不能出站。

手语图解

(1)请您按时出闸，以免超时补票。

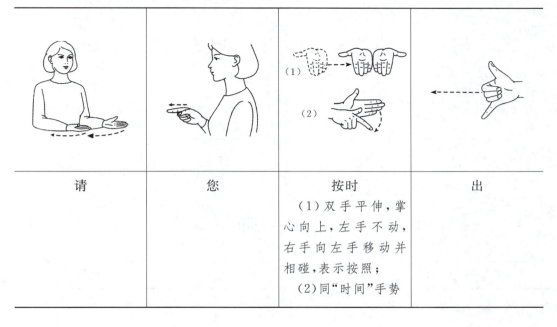

请	您	按时	出
		(1)双手平伸，掌心向上，左手不动，右手向左手移动并相碰，表示按照； (2)同"时间"手势	

闸	以 右手打手指字母"y"的指式	免 右手打手指字母"m"的指式	超
时	补	票	

（2）闸机可能卡票了,请您稍等。

闸	机	可能	卡 左手横立；右手直立,掌心抵住左手指尖,然后向左一推
票（了）	请	您	稍等

（3）您的卡出现故障，不能出站。

您	的	卡	出现
故障	不能	出	站

三、情景对话

情景1：闸机卡票导致乘客无法出站

乘客：请问我怎么出站？闸机好像发生故障了。

站务员：请您稍等，我去看看。

乘客：好的。

站务员：可能是卡票，请您和我到客服中心处理。

乘客：太麻烦了，最好快一点。

站务员：给您带来不便，请您谅解。请问您是从哪个车站进站的？

乘客：从江汉路进站。

站务员：（核对信息无误）给您带来不便，很抱歉。这是一张免费出站票，请您拿好。

乘客：好的，谢谢。

站务员：不客气，祝您旅途愉快！

 手语图解

——请问我怎么出站？闸机好像发生故障了。

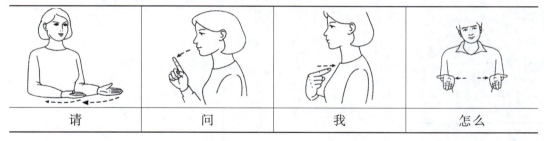

请	问	我	怎么

出	站	闸	机
好像 （1）右手伸出拇指； （2）右手食指、中指直立，掌心向外，向脸颊部碰一下	发生	故障	了

——请您稍等，我去看看。

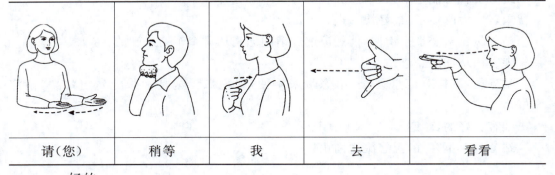

请(您)	稍等	我	去	看看

——好的。

好（的）

项目5　出站服务手语

——可能是卡票,请您和我到客服中心处理。

可能	是	卡	票
请(您)	和	我	到
(乘)客	服(务)	中	心

处理
(1) 双手平伸,五指分开,掌心向下,微微按动两下;
(2) 双手侧立,掌心相对,一顿一顿向左侧移动几下

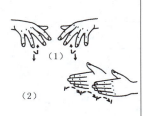

——太麻烦了,最好快一点。

太	麻烦	了	最
	右手五指微曲,指尖在前额处点动几下		

好	快	一	点

——给您带来不便,请您谅解。请问您是从哪个车站进站的?

给	您	带来	不
便	请	您	谅解
请	问	您	是
从	哪(个)	车	站

进 左手平伸，右手伸拇指、小指，小指尖抵于左手掌心上，并向前移动	站	的	

——从江汉路进站。

从	江	汉	路
进		站	

——(核对信息无误)给您带来不便，很抱歉。这是一张免费出站票，请您拿好。

给	您	带来	不
便	很	抱歉 (1)　(2)	这

是	一(张)	免 右手打字母"m"的指式	费 打"钱"的手势
出	站	票	请
您	拿	好	

——好的,谢谢。

好	的	谢谢

——不用客气,祝您旅途愉快!

不(用)	客气	祝	您

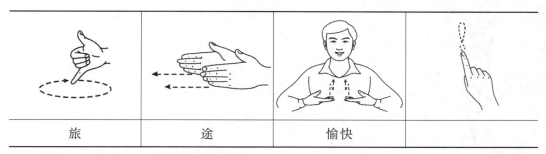

| 旅 | 途 | 愉快 | |

情景 2：乘客一卡通损伤无法使用

乘客：你好,为什么我刷卡后还不能出站?

站务员：您好,请跟我到客服中心处理。

乘客：好的,最好快点。

站务员：请把您的卡给我。

乘客：给你。

站务员：您好,您的卡出现故障,我可以看到您的卡上信息,请问您是在哪一站进站的?

乘客：我在江汉路站进来的。

站务员：好的,我现在帮您办理退卡,然后您可以办一张新卡。

乘客：好吧,那我卡上的余额呢?

站务员：余额会转到您的新卡里。(办理新卡)这是您的新卡,请您拿好。

乘客：好的,谢谢。

🔑 **手语图解**

——你好,为什么我刷卡后还不能出站?

你	好	为什么	我
刷	卡	后	还

城市轨道交通客运服务手语

不能	出	站	

——您好,请跟我到客服中心处理。

您	好	请	跟
我	到	(乘)客	服(务)
中	心	处理	

——好的,最好快点。

好(的)	最	好	快	点

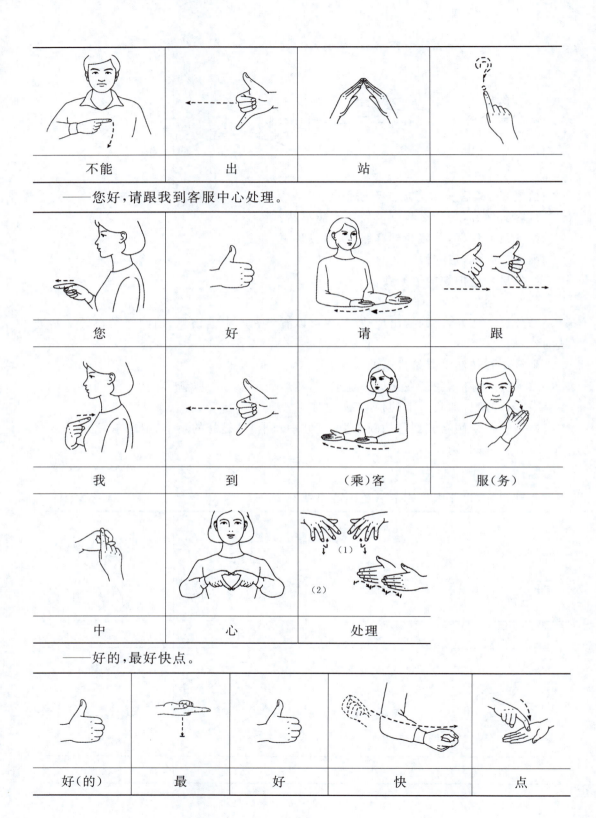

——请把您的卡给我。

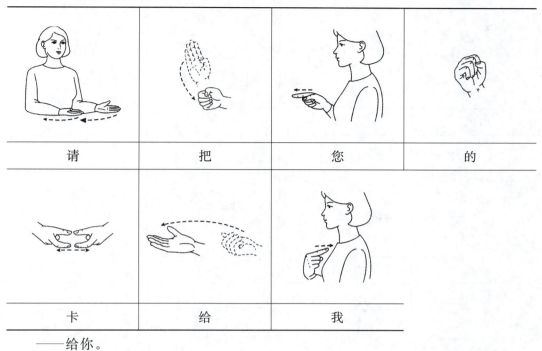

——给你。

给（你）
将卡递向对方

——您好，您的卡出现故障，我可以看到您的卡上信息，请问您是在哪一站进站的？

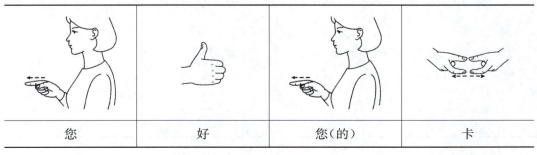

——我在江汉路站进来的。

我	在	江	汉
路	站	进来	的

——好的,我现在帮您办理退卡,然后您可以办一张新卡。

好(的)	我	现在	帮
您	办理	退	卡
然后	您	可以	办

一（张）	新 左手横伸，掌心向下；右手伸出拇指，从左手手背上向外划动	卡	

——好吧，那我卡里的余额呢？

好	吧	（那）我	卡
里（的）	余	额	呢

——余额会转到您的新卡里。（办理新卡）这是您的新卡，请您拿好。

余	额	会	转 双手伸食指，指尖一上一下，相距约10厘米，平行转动几下

到	您(的)	新	卡
里	这 右手食指指向所说物品	是	您(的)
新	卡	请	您
	拿		好

——好的,谢谢。

好	的	谢谢

> **知识拓展**

我国手语法律制度建设现状

我国虽然没有专门的关于手语的法律、法规,但是在与残障人士相关的法律规范及一些语言文字法律规范中,存在一些涉及手语的规定;同时,在规章、规范性文件中存在手语的专门规定,只是规定并不系统。从数量来看,目前我国共有3部法律(《中华人民共和国残疾人保障法》《中华人民共和国治安管理处罚法》《中华人民共和国刑事诉讼法》)、2部行政法规(《中华人民共和国残疾人教育条例》《中华人民共和国无障碍环境建设条例》)、13份国务院规范性文件、50余份部门规章、上百份地方性法规涉及手语。从分布情况来看,大多数法律规范只是对手语略微提及,只有几部法律规范对手语规定较为详尽。

现行《中华人民共和国宪法》(以下简称《宪法》)并无直接关于手语的规定。不过,我们可以从《宪法》关于教育和社会保障的条款中找到手语的《宪法》依据。首先,《宪法》第十九条规定:"国家发展社会主义的教育事业,提高全国人民的科学文化水平。国家举办各种学校,普及初等义务教育,发展中等教育、职业教育和高等教育,并且发展学前教育。国家发展各种教育设施,扫除文盲……"根据《宪法》的平等原则,聋哑人的教育、科学文化也当然是国家教育事业的一部分,而手语是聋哑人主要的学习途径,故国家发展手语事业是《宪法》第十九条的应有内容。其次,《宪法》第四十五条更直接地规定"国家和社会帮助安排盲、聋、哑和其他有残疾的公民的劳动、生活和教育",而聋哑人的生活和教育都离不开手语,因而发展手语事业,方便聋哑人生活和教育,是《宪法》第四十五条的内在要求。同时,"帮助安排"体现了聋哑人在宪法上可享有的积极权利,预示着未来制定手语法应将其定性为保障法或促进法。

目前,我国法律、行政法规层级尚无关于手语的专门立法,在一些专门的关于语言的法律规范中也无手语的规定,只有3部法律和2部行政法规涉及手语。其中,既有间接规定,也有直接明确的规定。关于手语的间接规定,主要隐藏在关于残障人士权利的规定之中。有些法律条文尽管只是规定了残障人士的一些权利而没有明确涉及手语,但这些权利对聋哑人来说需要借助手语才能实现。这类规定在《中华人民共和国残疾人保障法》中较多,如该法第四条统领性地规定"国家采取辅助方法和扶持措施,对残疾人给予特别扶助,减轻或者消除残疾影响和外界障碍,保障残疾人权利的实现";在其第三章"教育"、第五章"文化生活"、第七章"无障碍环境"中,都有许多需要通过手语才能充分实现的具体权利,如第二章第二十一条规定"国家保障残疾人享有平等接受教育的权利"。此外,《中华人民共和国残疾人教育条例》亦属于这类规定。这些规定虽然没有明文表示对手语的支持,但发展手语是聋哑人实现这些权利的前提,所以这些规定都为手语的发展提供了相应的法律依据和制度保障。关于手语的直接规定,主要是在《中华人民共和国残疾人保障法》《中华人民共和国无障碍环境建设条例》之中。《中华人民共和国残疾人保障法》第二十九条规定"政府有关部门应当组织和扶持盲文、手语的研究和应用,特殊教育教材的编写和出版,特殊教育教学用具及其他辅助用品的研制、生产和供应";第四十三条第三项,规定了电视节目应设置手语和字幕等相关事项;第五十五条规定"公共服务机构和公共场所应当创造条件,为残疾人提供语音和文字提示、手语、盲文等信息交流服务"。《中华人民共和国无障碍环境建设条例》对手语的无障碍环境做了诸多规定,其在内容上主要是对《中华人民共和国残疾人保障法》第七章规定的"无障碍环境"的补充,但规定更为具体,不过差异并不大。另外,《中华人民共和国刑事诉讼法》第一百一十九条规定"讯问聋、哑的犯罪嫌疑人,应当有通晓聋、哑手势的人参加,并且将这种情况记明笔录"(《中华人民共和国治安管理处罚法》第八十六条做了类似规定),赋予聋哑人在讯问中享有接受手语翻译的权利。

思考与练习

请用手语表示下列语句和情景对话。
(1) 请您右手持票,把票放在黄色区域,闸机自动打开后,即可出站。
(2) 您需要补交全程票款。
(3) 请保管好您的车票,到站后仍需使用。
(4) 对不起,您的车票已经超时,请您补交车费。
(5) 您好,您的小孩身高超过 1.2 米,需要购买车票。
(6) 您的卡上还有余额,会转到新卡上,请放心。

情景 1:发现成人使用老年卡
站务员:很抱歉,先生,您不能使用老年卡。
乘客:为什么不能?
站务员:您不是老年人,请配合我们的工作,买票进站。
乘客:我不想买票。
站务员:请您购买一张车票。如果您不配合,我就要通知保安了。
乘客:好吧,我去买票。
站务员:谢谢合作。

情景 2:乘客超时无法出站
站务员:您好,请问您需要帮助吗?

乘客：我把车票从投币口投入，为什么会退回来？
站务员：请稍等，我帮您看一下车票信息。
乘客：好的。
站务员：请问您是什么时间购票进站的？
乘客：大约上午 9 点钟。
站务员：对不起，您的车票已经超时，按照规定，需要补交全程票价 8 元。
乘客：太多了吧！我已经买了票的呀！
站务员：对不起，这是地铁公司的规定，请您谅解。请您下次按时出站。
乘客：好吧。

项目 6　意外事故处理手语

　　本项目以处理城市轨道交通客运服务中的意外事故（如车站设备故障、火灾、停电、恶劣天气、大客流等情况导致无法正常运营）为基础展开，介绍在意外事故的处理过程中为聋哑人乘客提供服务的手语。

学习目标

　　1. 掌握意外事故相关服务手语词汇；
　　2. 熟悉并运用相关服务手语，比如车站设备故障、火灾、停电、突发大客流等特殊情况下的服务手语；
　　3. 能够熟练运用手语处理乘客意外事故。

任务1　车站事故

一、词汇

电　　靠近　　公共汽车　　出租车

🔑 手语图解

电 右手食指做"彡"形挥动	靠近(接近) 　双手横立,左手在前不动,右手向前移动贴向左手
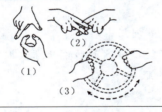	
公共汽车 (1)双手拇指、食指搭成"公"字; (2)双手食指、中指搭成"共"字; (3)双手虚握,并左右转动几下,如握方向盘状	出租车 　左手平伸,手背翘起成"∧"形;右手五指成"]"形,虎口朝上置于左手背上,然后左手向前移动一下

二、常用服务语句

(1) 请不要惊慌,听从工作人员指引迅速离开。

(2) 请按秩序下车。

(3) 请注意车站标志,有序离开。

🔑 手语图解

(1) 请不要惊慌,听从工作人员指引迅速离开。

请	不要	惊	慌
		双手拇指、食指相捏，置于眼角处，然后突然张开，同时眼睛大，面露吃惊神态	双手拇指、食指搭成"♡"形，置于胸前并上下颠动几下
听从	工作 （1）左手食指、中指与右手食指搭成"工"字形； （2）双手握拳，一上一下，右拳向下砸一下左拳	人	员 右手拇指、食指捏成小圆圈贴于胸前
指引 右手伸食指，指尖朝前，左右挥动几下	迅速	离开 左手直立，掌心向右；右手食指直立，先贴于左手掌，然后向右移动	

(2) 请按秩序下车。

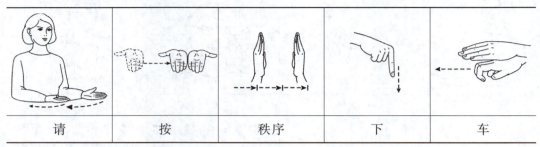

(3) 请注意车站标志,有序离开。

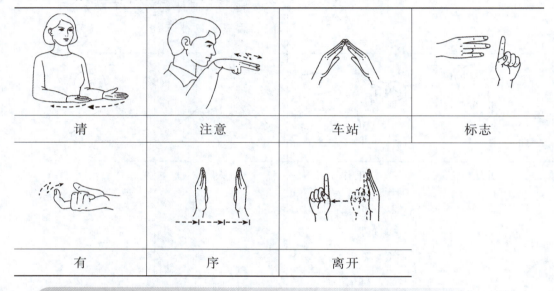

三、情景对话

情景1:车站发生火灾,有乘客被困

乘客:发生了什么事情?为什么有那么多烟?

站务员:那边发生了火灾,请不要靠近。

乘客:怎么办?

站务员:请不要惊慌,听从工作人员的指示。

乘客:我们怎么出去呢?

站务员:请注意车站标志,根据疏散标志离开车站。

乘客:谢谢。

站务员:不用客气。

🔑 **手语图解**

——发生了什么事情?为什么那么多烟?

项目6 意外事故处理手语

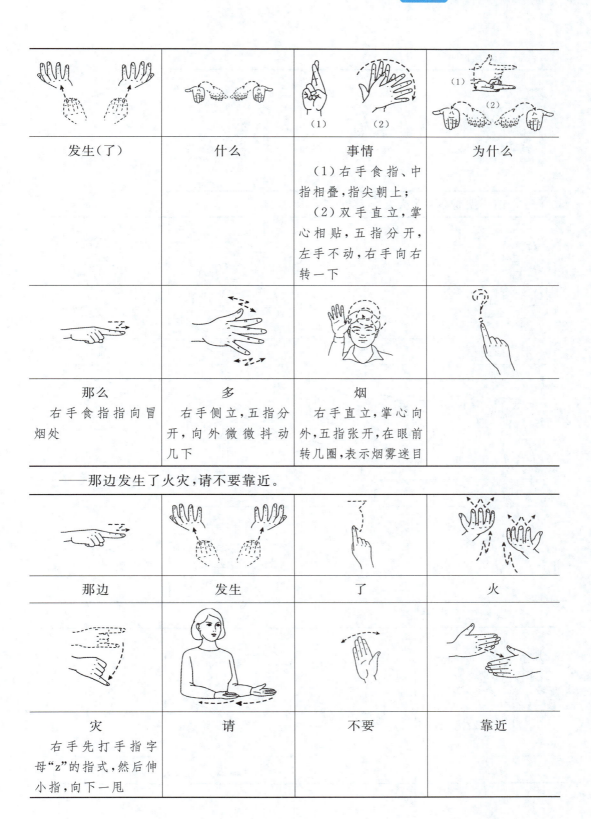

——那边发生了火灾,请不要靠近。

——怎么办？

	怎么办	

——请不要惊慌，听从工作人员的指示。

请	不要	惊	慌
听从	工作	人	员
	的		指示

——我们怎么出去呢？

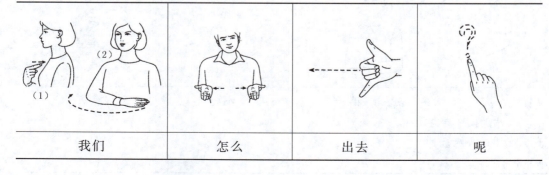

我们	怎么	出去	呢

项目6　意外事故处理手语

——请注意车站标志,根据疏散标志离开车站。

请	注意	车站	标志
根据	疏 双手直立,十指分开,掌心向内	散 双手五指微曲,指尖朝上,掌心相对,然后向下移动,放开五指	标志
离	开	车站	

——谢谢。

	谢谢

——不用客气。

不(用)		客气

情景 2：车站停电，关闭车站

乘客：为什么灯都熄灭了？

站务员：别担心，我立即咨询故障中心。

乘客：我们应该怎么办？

站务员：不要惊慌，请耐心等待。

乘客：好的。

站务员：您好，车站发生紧急情况，请根据工作人员的指引，有序离开。

乘客：那我们还能乘坐地铁吗？

站务员：很抱歉，车站停电需要关闭车站，您可以选择乘坐公共汽车或其他交通工具。

乘客：好吧。

站务员：感谢您的理解与配合。

车站停电，关闭车站

 手语图解

——为什么灯都熄灭了？

为什么	灯	都	熄灭	了
	右手五指撮合，指尖朝下，然后五指放开		右手五指张开，指尖朝下，然后缓缓捏合	

——别担心，我立即咨询故障中心。

别	担心	我	立即	
打"不"的手势				

项目6　意外事故处理手语

咨询	故障	中	心
(1)右手平伸，掌心向上，向前上方移动，表示征求之意； (2)右手食指直立，从嘴部向前挥动一下			

——我们应该怎么办？

我们	应该 右手食指、中指横伸，指背交替弹几下下颏	怎么办	

——不要惊慌，请耐心等待。

不要	惊	慌	请
等待	耐心 (1)右手横伸，掌心向下，在胸前向下一按； (2)双手拇指、食指搭成"♡"形置于胸前		

——好的。

好(的)

——您好,车站发生紧急情况,请根据工作人员的指引,有序离开。

您	好	车	站
发生	紧急 双手五指弯曲,指尖贴胸,上下交替移动几下	情况	请
根据	工作	人	员
指引	有	序	离开

——那我们还能乘坐地铁吗?

(那)我们	还	能	乘坐
地铁		吗	

——很抱歉,车站停电需要关闭车站,您可以选择乘坐公共汽车或其他交通工具。

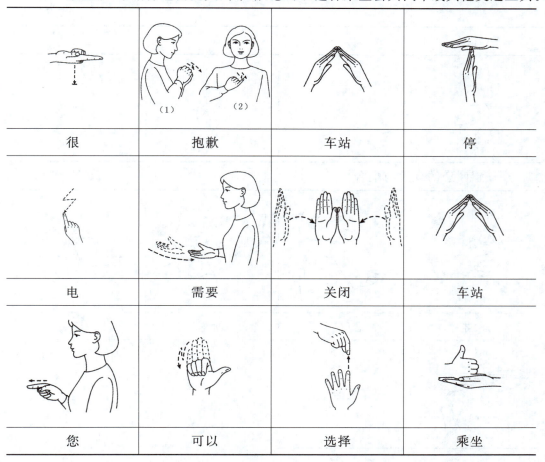

很	抱歉	车站	停
电	需要	关闭	车站
您	可以	选择	乘坐

公共汽车	或	其	他
交通			工具 （1）左手食指、中指与右手食指搭成"工"字形； （2）双手伸食指，指尖朝前，先互碰一下，然后分别向两侧移动并张开五指

——好吧。

	好		吧

——感谢您的理解与配合。

感谢	您（的）	理解	与
配合			

任务2　突发意外

一、词汇

湿　滑　雪　冰

🔑 **手语图解**

		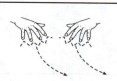	
湿	滑	雪	冰
右手成"]"形,并捏动几下,象征指间有水分的样子,表示"湿"的意思	左手斜伸,指尖朝前下方;右手掌心贴在左手背上向下滑动	双手平伸,掌心向下,五指分开,边交替点动边向下方缓缓下降,如雪花飘落状	双手握拳屈肘,在身体两侧微微抖动,然后双手五指成"[ ]"形,象征冰块

二、常用服务语句

（1）车站备有雨伞,在地铁咨询处。
（2）地面湿滑,请注意安全。
（3）地面结冰,请注意脚下,请走防滑垫。

🔑 **手语图解**

（1）车站备有雨伞,在地铁咨询处。

车	站	备	有
		双手横伸,掌心向下,右手掌边拍左手背,边向左侧移动	

雨	伞	在	地铁
(1) (2)	咨询		处 右手打手指字母"ch"的指式

(2) 地面湿滑,请注意安全。

地面	湿	滑	请
	注意	(1) (2)	安全

(3) 地面结冰,请注意脚下,请走防滑垫。

地面	结 双手拇指、食指相互套环	冰	请

注意	脚 左手平伸,手背向上,五指并拢;右手掌在左手背上从前向后摸一下	下	请
走	防 双手直立,掌心向外推出	滑	垫 左手横伸,掌心向下;右手五指成"]"形,置于左手下并捏动几下

三、情景对话

情景 1：车站因大雪关闭

站务员：您好，很抱歉，2 号线小龟山站入口因大雪关闭，请按照工作人员的指引到其他站换乘。

乘客：啊！我会迟到的。

站务员：请不要着急，地面结冰容易滑倒，请走防滑垫。

乘客：谢谢提醒。

站务员：不用客气。

手语图解

——您好，很抱歉，2 号线小龟山站入口因大雪关闭，请按照工作人员的指引到其他站换乘。

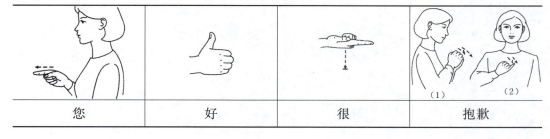

您	好	很	抱歉

2（号）	线	小 右手拇指、小指指尖相捏	龟 右手伸拇指，手背向上；左手盖住右手背，右手拇指向外伸缩几次，仿龟头伸缩状
山 右手拇指、食指、小指直立，手背向外，仿"山"字形	站	入 打"进"的手势	口
因（因为） （1）右手打手指字母"y"的指式； （2）右手伸拇指、食指，食指指尖朝前，腕部向右转动一下	大	雪	关闭
请	按照	工作	人

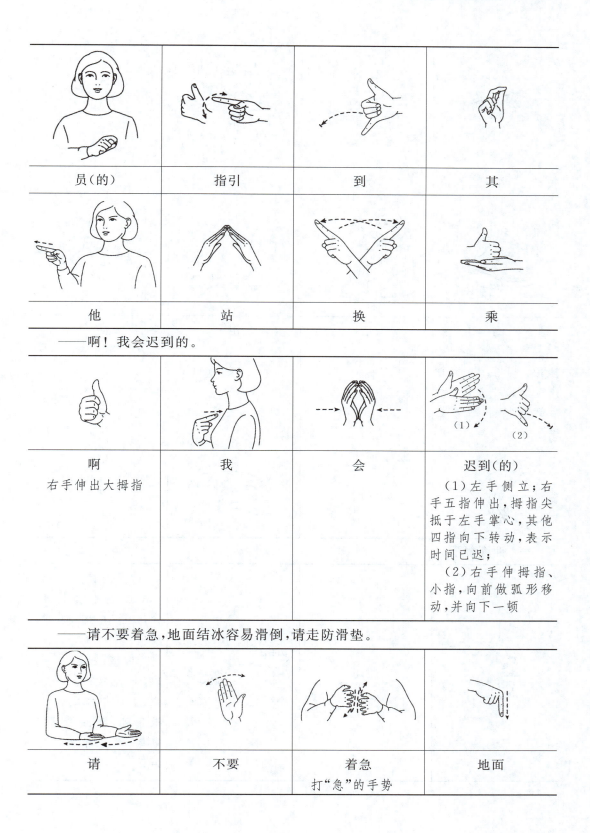

——啊！我会迟到的。

——请不要着急，地面结冰容易滑倒，请走防滑垫。

结	冰	容易	滑
倒	请	走	防
左手横伸；右手伸拇指、小指，小指尖先抵于左手掌心，然后倒下，手背贴于左手掌心			
滑			垫

——谢谢提醒。

	谢谢		提醒 （1）右手食指横伸，自口部向前移出； （2）头先歪向一边，眼闭拢；一手拇指、食指相捏置于一眼角处，然后张开，眼睛同时睁开，头抬正

——不用客气。

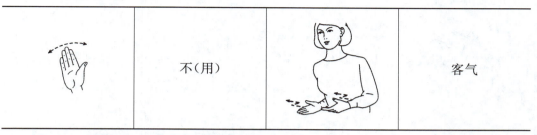

	不(用)		客气

情景 2：因突发大客流启用接驳车接送乘客

乘客：请问发生了什么？出口电梯和楼梯都关闭了。

站务员：您好，请不要惊慌，由于 2 号线光谷广场站出口严重拥堵，我们正在疏散乘客。

乘客：我要怎么出站？

站务员：请不要着急，我们准备了空车接驳，会把乘客送去下一站。

乘客：请问空车什么时候到？

站务员：大约 5 分钟后到。您可以在下一站换乘 4 号线，或者乘坐公共汽车。

乘客：好的，我知道了。谢谢。

站务员：给您带来不便请谅解，谢谢您的配合。

 手语图解

——请问发生了什么？出口电梯和楼梯都关闭了。

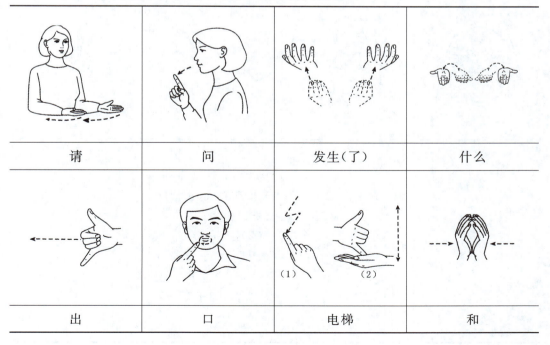

请	问	发生(了)	什么
出	口	电梯	和

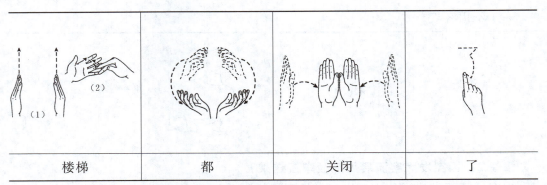

楼梯	都	关闭	了

——您好,请不要惊慌,由于 2 号线光谷广场站出口严重拥堵,我们正在疏散乘客。

您	好	请	不要
惊	慌	由于 (1)左手伸拇指;右手伸食指碰一下左手拇指尖; (2)左手食指、中指分开;右手食指在左手食、中指中间空书"丨",仿"于"字形	2(号)

线	光	谷	广场
站	出	口	严重 (1)右手食指绕脸划一圈,面露严肃表情; (2)双手平伸,掌心向上,同时朝下一顿
拥堵 双手五指微曲,指尖朝上合在一起,然后左右摇动几下	我们	正 双手直立,掌心相对,向前一顿	在
疏	散	乘客	

——我要怎么出站？

我（要）	怎么	出	站

——请不要着急，我们准备了空车接驳，会把乘客送去下一站。

请	不要	着急	我们

准备	了	空 左手横伸；右手侧立，然后从左手掌心上刮过，表示手中空空	车（接驳）

会 双手直立，五指微曲，掌心相对，从两侧向中间合拢	把	乘客	送去 双手平伸，掌心向上，同时向一侧微移，表示送出

下	一	站

——请问空车什么时候到?

请	问	空	车
什么	时候(时间)	到	

——大约5分钟后到。您可以在下一站换乘4号线,或者乘坐公共汽车。

大约 右手平伸,五指分开,掌心向下,手腕左右微转几下,面露推测的神态	5	分钟	后

到	您	可以	在
下	一	站	换
乘	4(号)	线	或者
乘坐		公共汽车	

——好的,我知道了。谢谢。

好(的)	我	知道	了	谢谢

——给您带来不便请谅解,谢谢您的配合。

给	您	带来	不

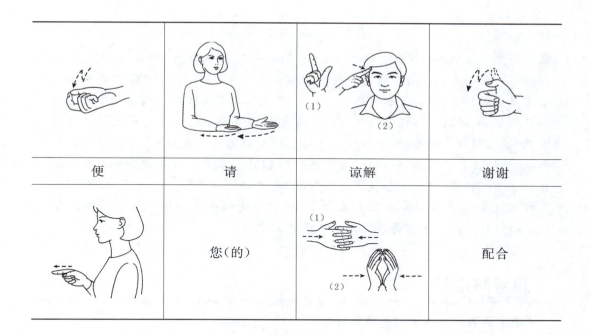

知识拓展

聋生英语学习

  世界上所有的语言都是平等的,当我们珍视自己的母语的时候,我们也应自然而然地尊重聋人的母语——手语。有语言学专家认为,手语为聋生的第一语言,汉语则为我国聋生的第二语言。主张在学习第一语言的基础上学习第二语言,从而最终成为双语使用者。在学习英语时,美国手语可以作为辅助语言,有助于聋生英语的学习。

  美国手语是美国聋人的第一语言,而美国手语较多是由英语字母组成的,这会给聋生学习英语带来很多便利。按照美国聋人文化,美国聋人有自己的第一语言美国手语,英语是他们的第二语言。第二语言只要会看、会写就可以了,没有必要硬去说、去听。美国聋人不讲音标,靠模仿英语口形、靠美国手语指语来记忆单词。美国手语和书面英语是美国聋生掌握的最主要的两种语言形式。美国聋校在对聋生的英语教学中,针对聋生的特点,充分利用影像、智能白板等,激发了聋生的学习兴趣,使他们高效快捷地掌握了第二语言英语。美国许多聋校都开发了既有美国手语又有英语文字的聋生学习软件。

  众所周知,任何语言的学习都离不开听、说、看、写这四个渠道。对健听人来说,这四个渠道都是畅通的,可对聋生来说,失掉了听、说两个渠道,困难自然增加了一倍。因此与健听学生相比,聋生学习英语花费的时间比较多。在英语课堂上,聋生学习英语需要做到四种语言转换(即书面汉语、中国手语、书面英语、美国手语),而健听人只需两种语言转换,单就这一点区别,聋生学英语又比健听人增加了一倍的负担。渠道问题和转换问题合并起来,聋生学习英语比健听人增加了双倍的困难,这一点都不夸张。因而,聋生学习英语就应该从减少渠道中找自己的优势,从增加转换中找窍门。根据体验,认为在减少渠道中最值得发挥的就是"看",即视觉优势;在增加转换中最值得重视的就是充分利用"美国手语"。举例来说:在教授"dog"一词时,教师首先在 PPT 上指出书面英语"dog",然后打本地手语"狗",再教聋生学美国手语"dog"或美国手指语"d—o—g"。聋生跟随教师一边看"dog"图片和书面英语"dog",一边学美国手语"dog"或美国手指语"d—o—g",这样聋生就容易快速记住单词了。

思考与练习

请用手语表示下列语句和情景对话。
(1) 对不起,这个设备坏了,请使用其他机器。
(2) 请不要惊慌,听从工作人员的指引。
(3) 请按秩序迅速离开车站。
(4) 地面湿滑,请走防滑垫。
(5) 1 号线关闭,请换乘其他线路,或选择其他交通工具。

情景 1:自动检票机故障无法使用
站务员:您好,请问有什么可以帮您的?
乘客:自动检票机好像不能使用了。
站务员:是的,对不起。我们会来处理。
乘客:我怎么出站?
站务员:请问您是什么车票?
乘客:我是单程票。
站务员:请您将单程票交给我,从边门出站。
乘客:好的,谢谢。

情景 2:由于突发暴雨,本趟列车不停车通过本站
乘客:请问下一趟列车什么时候能到站停车?
站务员:大概 10 分钟。
乘客:还需要这么久吗?
站务员:因为暴雨,列车可能会有延迟。如果您有急事,可以选择其他交通工具。

乘客：我的票怎么办？
站务员：我们可以给您办理退票手续。
乘客：好吧，那我退票。
站务员：好的，很抱歉。给您带来不便，请谅解。

附录　手语手势动作图解符号说明

	表示手势沿箭头方向移动
	表示手势上下（或左右、前后）反复摆动或捏动
	表示手势沿箭头方向一顿一顿移动
	表示手势沿箭头方向做波浪形（或曲线形）移动
	表示手势上下抖动
	表示拇指与其他手指互捻
	表示五指交替抖动（或点动）几下
	表示手势向前（或向下）一顿，或到此终止
	表示握拳的手按数字顺序依次伸出手指
	表示手臂或手指轻轻颤抖
	表示握拳或撮合的手边沿箭头方向移动边放开五指
	手横立，掌心向内或向外，指尖朝左或朝右

附录　手语手势动作图解符号说明 | 203

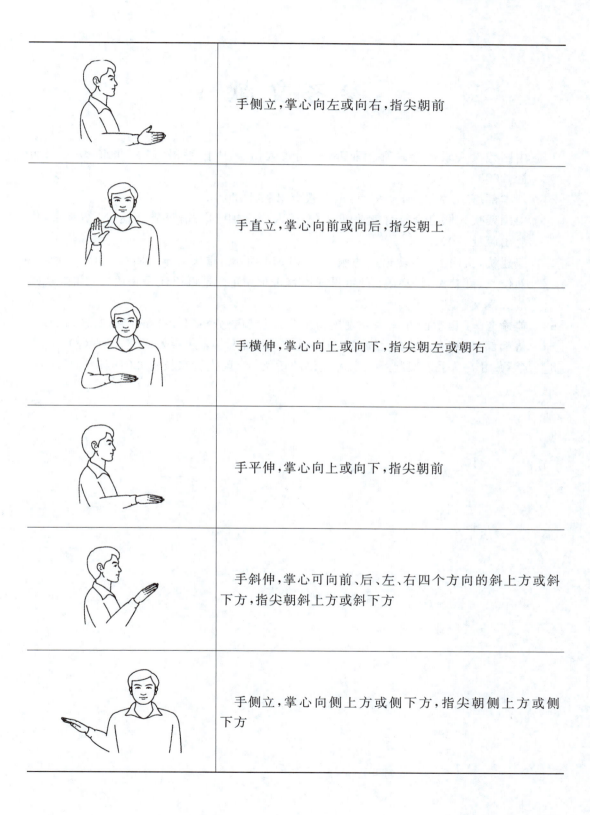

手侧立,掌心向左或向右,指尖朝前

手直立,掌心向前或向后,指尖朝上

手横伸,掌心向上或向下,指尖朝左或朝右

手平伸,掌心向上或向下,指尖朝前

手斜伸,掌心可向前、后、左、右四个方向的斜上方或斜下方,指尖朝斜上方或斜下方

手侧立,掌心向侧上方或侧下方,指尖朝侧上方或侧下方

参 考 文 献

[1] 中国残疾人联合会教育就业部,中国聋人协会.中国手语[M].北京:华夏出版社,2003.

[2] 刘本部.实用手语[M].济南:山东教育出版社,2016.

[3] 中国残疾人联合会教育就业部,中国聋人协会.中国手语日常会话[M].北京:华夏出版社,2006.

[4] 郑建杭,文丽.城市轨道交通服务礼仪[M].重庆:重庆大学出版社,2015.

[5] 刘俊飞,许梦杰,杨亦鸣.聋童早期语言干预:究竟是口语还是手语?[J].南京师范大学文学院学报,2018(3).

[6] 姜瑜芳.手语歌曲在国内外发展情况与流行趋势分析[J].北方音乐,2018(14).

[7] 蒋都都,杨解君.我国手语法律制度现状及其完善[J].残疾人研究,2018(3).

[8] 李颖.用美国手语架起聋生学习英语的桥梁[J].现代特殊教育,2016(7).